Die schönsten Wintermärchen

Die schönsten Wintermärchen

Mit Bildern von Silvio Neuendorf

EDITION BÜCHERBÄR

Für Rike und Robin. S.N.

In neuer Rechtschreibung

1. Auflage 2005
© 2005 bei Edition Bücherbär im Arena Verlag GmbH
Alle Rechte vorbehalten
Umschlag- und Innenillustrationen von Silvio Neuendorf
Gesamtherstellung: westermann druck GmbH, Braunschweig
ISBN 3-401-08737-1

www.arena-verlag.de

Inhalt

Hans-Christian Andersen
Das kleine Mädchen
mit den Schwefelhölzern

Es war entsetzlich kalt; es schneite und war beinahe dunkel, der letzte Abend des Jahres. In dieser Kälte und Finsternis ging auf der Straße ein kleines, armes Mädchen mit bloßem Kopfe und nackten Füßen. Als sie das Haus verließ, hatte sie freilich Pantoffeln angehabt; aber was half das? Es waren sehr große Pantoffeln, die ihre Mutter bisher benutzt hatte, so groß waren sie. Die Kleine aber verlor dieselben, als sie über die Straße weghuschte, weil zwei Wagen schrecklich schnell vorüberrollten. Der eine Pantoffel war nicht wieder zu finden, den andern hatte ein Junge erwischt und lief damit fort. Da ging nun das kleine Mädchen mit nackten Füßen, die rot und blau von Kälte waren. In einer roten Schürze trug sie eine Menge Schwefelhölzchen und ein Bund davon in der Hand. Niemand hatte ihr den ganzen langen Tag etwas abgekauft, niemand ihr einen Pfennig geschenkt.

Zitternd vor Kälte und Hunger, schlich sie umher, ein Bild des Jammers, die arme Kleine!

Die Schneeflocken bedeckten ihr langes blondes Haar, welches in schönen Locken um den Hals fiel; aber daran dachte sie nun freilich nicht. Aus allen Fenstern glänzten die Lichter und es roch herrlich nach Gänsebraten: Es war ja Silvesterabend. Ja, daran dachte sie!

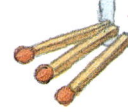

In einem Winkel, von zwei Häusern gebildet, von denen das eine etwas mehr vorsprang als das andere, setzte sie sich hin und kauerte sich zusammen. Die kleinen Füße hatte sie an sich gezogen; aber es fror sie noch mehr und nach Hause zu gehen wagte sie nicht; sie hatte ja keine Schwefelhölzchen verkauft und brachte keinen Pfennig Geld mit. Von ihrem Vater würde sie gewiss Schläge bekommen und zu Hause war es auch kalt; über sich hatten sie nur das Dach, durch welches der Wind pfiff, wenn auch die größten Spalten mit Stroh und Lumpen zugestopft waren.

Ihre kleinen Hände waren beinahe vor Kälte erstarrt. Ach! Ein Schwefelhölzchen konnte ihr gar wohl tun, wenn sie nur ein einziges aus dem Bunde herausziehen, es an die Wand streichen und die Finger erwärmen dürfte. Sie zog eins heraus. Rrscht! Wie sprühte, wie brannte es! Es war eine warme helle Flamme, wie ein Lichtchen, als sie die Hände darüber hielt; es war ein wunderbares Lichtchen! Es schien wirklich dem kleinen Mädchen, als säße sie vor einem großen, eisernen Ofen mit polierten Messingfüßen und einem messingenen Aufsatze. Wie brannte das Feuer darin, wie wohltuend wärmte es! Die Kleine streckte schon die Füße aus, um auch diese zu wärmen: – doch da erlosch das Flämmchen, der Ofen verschwand, sie hatte nur die kleinen Überreste des abgebrannten Schwefelhölzchens in der Hand.

Ein zweites an der Wand abgestrichen; es leuchtete, und wo der Schein auf die Mauer fiel, wurde diese durchsichtig wie ein Schleier: Sie konnte in das Zimmer hineinsehen. Auf dem Tische war ein weißes Tischtuch ausgebreitet, darauf stand glänzendes Porzellangeschirr und herrlich dampfte die gebratene Gans, mit Äpfeln und getrockneten Pflaumen gefüllt. Und was noch prächtiger anzusehen war, die Gans hüpfte von der Schüssel herunter und wackelte auf dem Fußboden, Messer und Gabel in der Brust, bis zu dem armen

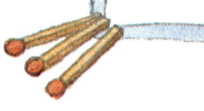

Mädchen hin. Da erlosch das Schwefelhölzchen und es blieb nur die dicke, feucht-kalte Mauer zurück. Sie zündete noch ein Hölzchen an. Da saß sie nun unter dem herrlichsten Christbaume; er war noch größer und geputzter als der, den sie durch die Glastür bei dem reichen Kaufmanne gesehen hatte. Tausende von Lichtern brannten auf den grünen Zweigen und bunte Bilder, wie sie an Schaufenstern zu sehen waren, blickten auf sie herab. Die Kleine streckte ihre Hände danach aus; da erlosch das Schwefelhölzchen. Die Weihnachtslichter stiegen höher; sie sah sie jetzt als Sterne am Himmel; einer davon fiel herunter und bildete einen langen Feuerstreifen.

Jetzt stirbt jemand!, dachte das kleine Mädchen, denn ihre alte Großmutter, die Einzige, die sie lieb gehabt hatte, und die jetzt gestorben war, hatte ihr erzählt, dass, wenn ein Stern herunterfällt, eine Seele zu Gott emporsteigt.

Sie strich wieder ein Hölzchen an der Mauer ab, es wurde wieder hell und in dem Gange stand die alte Großmutter, klar und schimmernd, gar mild und liebevoll.

»Großmutter!«, rief die Kleine. »Oh! Nimm mich mit! Ich weiß, du entfernst dich, wenn das Schwefelhölzchen erlischt; du verschwindest wie der warme Ofen, wie der herrliche Gänsebraten und der große, prächtige Weihnachtsbaum!« Und sie strich schnell das ganze Bund Schwefelhölzchen ab, denn sie wollte die Großmutter recht festhalten.

Die Schwefelhölzchen leuchteten mit einem solchen Glanze, dass es heller wurde als mitten am Tage, die Großmutter war früher nie so schön, so groß gewesen; sie nahm das kleine Mädchen in ihre Arme und beide flogen in Glanz und Freude hoch über die Erde, unendlich hoch; und dort oben war weder Kälte noch Hunger noch Angst – sie waren beim lieben Gott.

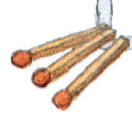

Aber im Winkel an die Mauer gelehnt, saß in der kalten Morgenstunde das arme Mädchen mit roten Backen und mit lächelndem Munde – erfroren an des alten Jahres letztem Abend. Die Neujahrssonne ging auf über der kleinen Leiche. Starr saß dort das Kind mit den Schwefelhölzchen, von denen ein Bund abgebrannt war. »Sie hat sich erwärmen wollen!«, sagte man. Niemand ahnte, was sie Schönes gesehen hatte, in welchem Glanze sie mit der Großmutter zur Neujahrsfreude eingegangen war.

Nach der Original-Übersetzung bearbeitet von Freya Stephan-Kühn

Hans-Christian Andersen
Der Tannenbaum

Der kleine Baum will in die weite Welt

Draußen im Walde stand ein niedlicher, kleiner Tannenbaum. Er hatte einen guten Platz; Sonne konnte er bekommen, Luft war genug da und ringsumher wuchsen viele größere Kameraden, sowohl Tannen als Fichten. Der kleine Tannenbaum wünschte aber so sehnlich größer zu werden! Er achtete nicht der warmen Strahlen und der frischen Luft, er kümmerte sich nicht um die Bauernkinder, die da umhergingen und plauderten, wenn sie herausgekommen waren, um Erdbeeren und Himbeeren zu sammeln. Oft kamen sie mit einem ganzen Topf voll und hatten Erdbeeren an einen Strohhalm gereiht; dann setzten sie sich neben den kleinen Tannenbaum und sagten: »Nein, wie niedlich klein ist der!« Das mochte der Baum gar nicht hören.

Im folgenden Jahr war er um einen bedeutenden Ansatz größer und das Jahr darauf war er um noch einen länger; denn an den Tannenbäumen kann man immer an den vielen Ansätzen, die sie haben, sehen, wie viele Jahre sie gewachsen sind.

»Oh, wäre ich doch so ein großer Baum wie die andern!«, seufzte das kleine Bäumchen. »Denn könnte ich meine Zweige so weit umher ausbreiten und mit der Krone in die weite Welt hinausblicken!

Die Vögel würden dann Nester in meinen Zweigen bauen, und wenn der Wind wehte, könnte ich so vornehm nicken, gerade wie die andern dort!«

Er hatte gar keine Freude am Sonnenschein, an den Vögeln und an den roten Wolken, die morgens und abends über ihn hinsegelten.

War es dann Winter und der Schnee lag weiß und funkelnd ringsumher, so kam häufig ein Hase angesprungen und setzte gerade über den kleinen Baum weg – oh, das war ihm so ärgerlich!

Aber zwei Winter vergingen und im dritten war das Bäumchen so groß, dass der Hase um dasselbe herumlaufen musste.

Oh! Wachsen, wachsen, groß und alt werden: Das ist doch das einzig Schöne in dieser Welt, dachte der Baum.

Im Herbst kamen immer Holzhauer und fällten einige der größten Bäume; das geschah jedes Jahr und den jungen Tannenbaum, der nun ganz gut gewachsen war, schauerte dabei, denn die großen, prächtigen Bäume fielen mit Prasseln und Krachen zur Erde, die Zweige wurden ihnen abgehauen, die Bäume sahen ganz nackt, lang und schmal aus; sie waren fast nicht mehr zu erkennen. Aber dann wurden sie auf Wagen gelegt und Pferde zogen sie davon, aus dem Walde hinaus.

Wo sollten sie hin? Was stand ihnen bevor?

Im Frühjahr, als die Schwalben und Störche kamen, fragte sie der Baum: »Wisst ihr nicht, wohin sie geführt wurden? Seid ihr ihnen nicht begegnet?«

Die Schwalben wussten nichts; aber der Storch sah nachdenklich aus, nickte mit dem Kopfe und sagte: »Ja, ich glaube wohl! Mir begegneten viele neue Schiffe, als ich aus Ägypten flog; auf den Schiffen waren prächtige Mastbäume; ich darf annehmen, dass sie es waren; sie hatten Tannengeruch; ich kann dich vielmals von ihnen grüßen; ja, die stehen prachtvoll, ganz prachtvoll!«

»Oh, wäre ich doch auch groß genug, um über das Meer hinfahren zu können! Wie ist denn eigentlich dieses Meer und wie sieht es aus?«

»Ja, das zu erklären ist zu weitläufig«, sagte der Storch und damit ging er fort.

»Freue dich deiner Jugend!«, sagten die Sonnenstrahlen. »Freue dich deines frischen Wachstums, des jungen Lebens, das in dir ist.«

Und der Wind küsste den Baum und der Tau weinte Tränen über ihn; aber das verstand der Tannenbaum nicht.

Wenn es gegen die Weihnachtszeit ging, wurden ganz junge Bäume gefällt, die oft nicht einmal so groß oder gleichen Alters mit dem Tannenbaum waren, der weder Ruhe noch Rast hatte, sondern immer davonwollte. Diese jungen Bäume, und es waren gerade die allerschönsten, behielten immer alle ihre Zweige; sie wurden auf Wagen gelegt und Pferde zogen sie fort, aus dem Walde hinaus.

»Wohin sollen die?«, fragte der Tannenbaum. »Sie sind nicht größer

als ich, vielmehr war einer da, der war viel kleiner! Weshalb behielten sie alle ihre Zweige? Wohin fahren die?«

»Das wissen wir! Das wissen wir!«, zwitscherten die Sperlinge. »Unten in der Stadt haben wir in die Fenster gesehen und haben wahrgenommen, dass sie mitten in der warmen Stube aufgepflanzt und mit den schönsten Sachen – vergoldeten Äpfeln, Honigkuchen, Spielzeug und vielen hunderten von Lichtern – geschmückt werden.«

»Und dann?«, fragte der Tannenbaum und bebte an allen Zweigen. »Und dann? Was geschieht dann?«

»Ja, mehr haben wir nicht gesehen! Das war unvergleichlich.«

»Ob ich wohl auch bestimmt bin diesen strahlenden Weg zu betreten?«, jubelte der Tannenbaum. »Das ist noch besser, als über das Meer zu ziehen! Wie leide ich an Sehnsucht! Wäre es doch Weihnachten! Nun bin ich groß und ausgewachsen wie die andern, die im vorigen Jahr weggeführt wurden! – Oh, wäre ich erst auf dem Wagen! Wäre ich doch erst in der warmen Stube mit aller Pracht und Herrlichkeit! Und dann? Ja, dann kommt noch etwas Besseres, noch weit Schöneres, weshalb würden sie uns sonst so schmücken! Es muss noch etwas Größeres, noch etwas Herrlicheres kommen. – Aber was? Oh, ich leide! Ich sehne mich, ich weiß selbst nicht, wie mir ist!«

»Freue dich unser!«, sagten Luft und Sonnenlicht. »Freue dich deiner frischen Jugend im Freien!«

Aber er freute sich durchaus nicht und wuchs und wuchs!

Der Weihnachtsstern

Winter und Sommer stand er grün; dunkelgrün stand er da; die Leute, die ihn sahen, sagten: »Das ist ein schöner Baum!«

Und zur Weihnachtszeit wurde er vor allen zuerst gefällt.

Die Axt hieb sich durch das Mark; der Baum fiel mit einem Seufzer zu Boden; er fühlte einen Schmerz, eine Ohnmacht; er konnte gar nicht an irgendein Glück denken; er war betrübt von der Heimat scheiden zu müssen, von dem Flecke, auf dem er emporgeschossen war; er wusste ja, dass er die lieben, alten Kameraden, die kleinen Büsche und Blumen ringsumher nicht mehr sehen würde, ja vielleicht nicht einmal die kleinen Vögel. Die Abreise war durchaus nicht angenehm.

Der Baum kam erst wieder zu sich, als er, im Hofe mit andern Bäumen abgepackt, einen Mann sagen hörte: »Dieser hier ist prächtig. Wir brauchen nur diesen!«

Nun kamen zwei Diener in voller Uniform und trugen den Tannenbaum in einen großen, schönen Saal.

Ringsumher an den Wänden hingen Bilder und neben dem Kachelofen standen große chinesische Vasen mit Löwen auf den Deckeln; da gab es Schaukelstühle, mit Seide bespannte Sofas, große Tische voller

Bilderbücher und Spielzeug für hundert mal hundert Taler – wenigstens sagten das die Kinder.

Und der Tannenbaum wurde in ein großes, mit Sand gefülltes Gefäß gestellt; aber niemand konnte sehen, dass es ein Gefäß war, denn es wurde rundherum mit grünen Zweigen behängt und stand auf einem bunten Teppich.

Oh, wie der Baum bebte! Was wird nun wohl geschehen? Sowohl die Diener als die Fräulein schmückten ihn. An seinen Zweigen hingen sie kleine Netze, ausgeschnitten aus farbigem Papier; jedes Netz war mit Zuckerwerk gefüllt; vergoldete Äpfel und Nüsse hingen herab, als wären sie festgewachsen, und über hundert rote, blaue und weiße Lichterchen wurden in den Zweigen festgesteckt. Puppen, die leibhaftig wie Menschen aussahen – der Baum hatte früher nie solche gesehen –, schwebten im Grünen und hoch oben auf der Spitze wurde ein Stern von Glittergold befestigt; das war prächtig, ganz außerordentlich prächtig.

»Heut Abend«, sagten alle, »heute Abend wird er strahlen!«

Oh!, dachte der Baum, wäre es doch Abend!

Würden nur die Lichter bald angezündet!

Und was dann wohl geschieht?

Ob da wohl Bäume aus dem Wald kommen, mich zu sehen?

Ob die Sperlinge gegen die Fensterscheiben fliegen?

Ob ich hier festwachse und Winter und Sommer geschmückt stehen werde?

Ja, er riet nicht übel! Aber er hatte ordentlich Borkenschmerzen vor lauter Sehnsucht und Borkenschmerzen sind für einen Baum ebenso schlimm wie Kopfschmerzen für uns andere.

Nun wurden die Lichter angezündet. Welcher Glanz! Welche Pracht!

Der Baum bebte dabei an allen Zweigen so, dass eins der Lichter das Grüne anbrannte, es sengte ordentlich.

»Gott bewahre uns«, schrien die Fräulein und löschten es hastig aus. Jetzt durfte der Baum nicht einmal mehr beben. Oh, das war ein Grauen! Ihm war so bange etwas von seinem Schmuck zu verlieren; er war ganz betäubt von all dem Glanze. – Und nun gingen beide Flügeltüren auf – und eine Menge Kinder stürzte herein, als wollte sie den ganzen Baum umwerfen; die älteren Kinder kamen bedächtig nach.

Die kleinen Kinder standen ganz stumm – aber nur einen Augenblick, dann jubelten sie wieder, dass es nur so schallte, sie tanzten um den Baum herum; und ein Geschenk nach dem andern wurde abgepflückt. Was machen sie?, dachte der Baum. Was soll geschehen? Und die Lichter brannten bis dicht an die Zweige herunter, und je nachdem sie niederbrannten, wurden sie ausgelöscht, und dann erhielten die Kinder Erlaubnis, den Baum zu plündern. Oh, sie stürzten auf ihn ein, dass es in allen Zweigen knackte; wäre er nicht mit der Spitze und mit dem Goldsterne an der Decke befestigt gewesen, so wäre er umgestürzt.

Die Kinder tanzten mit ihrem prächtigen Spielzeug herum. Niemand

sah nach dem Baume, ausgenommen das alte Kindermädchen, welches kam und zwischen die Zweige blickte, aber nur um zu sehen, ob nicht noch eine Feige oder ein Apfel vergessen worden war.

»Eine Geschichte! Eine Geschichte!«, riefen die Kinder und zogen einen kleinen, dicken Mann zum Baume hin; und der setzte sich gerade unter denselben. »Denn da sind wir im Grünen«, sagte er, »und der Baum kann besonderen Nutzen davon haben, zuzuhören! Aber ich erzähle nur eine Geschichte.« – » Die von Ivede-Avede!«, schrien einige, »Klumpe-Dumpe!«, schrien andere; das war ein Rufen und ein Schreien! Nur der Tannenbaum schwieg ganz still und dachte: Komm ich gar nicht mit, werde ich nichts dabei zu tun haben? Er war ja mit gewesen, hatte ja geleistet, was er sollte.

Und der Mann erzählte von Klumpe-Dumpe, welcher die Treppen hinunterfiel und doch zu Ehren kam und die Prinzessin erhielt. Und die Kinder klatschten in die Hände und riefen: »Erzähle, erzähle!« Sie wollten auch die Geschichte von Ivede-Avede hören, aber sie bekamen nur die von Klumpe-Dumpe. Der Tannenbaum stand ganz stumm und gedankenvoll: Nie hatten die Vögel im Walde dergleichen erzählt. Klumpe-Dumpe fiel die Treppe hinunter und bekam doch die Prinzessin! Ja, ja, so geht es in der Welt zu!, dachte der Tannenbaum und glaubte, dass es wahr sei, weil es ein so netter Mann war, der es erzählte. Ja, ja! Wer kann es wissen! Vielleicht falle ich auch die Treppe hinunter und bekomme eine Prinzessin. Und er freute sich darauf, den nächsten Tag wieder mit Lichtern und Spielzeug, Gold und Früchten angeputzt zu werden.

Morgen werde ich zittern!, dachte er. Ich will mich recht aller meiner Herrlichkeit freuen. Morgen werde ich wieder die Geschichte von Klumpe-Dumpe und vielleicht auch die von Ivede-Avede hören. Und der Baum stand die ganze Nacht still und gedankenvoll.

Auf dem Dachboden

Am Morgen kamen die Diener und das Mädchen herein.

Nun beginnt das Schmücken aufs Neue!, dachte der Baum. Aber sie schleppten ihn zum Zimmer hinaus, die Treppe hinauf auf den Boden, und hier, in einem dunklen Winkel, wo kein Tageslicht hereinschien, stellten sie ihn hin. Was soll das bedeuten?, dachte der Baum. Was soll ich hier wohl machen? Was mag ich hier wohl hören sollen? Und er lehnte sich an die Mauer und dachte. – Und er hatte Zeit genug; denn es vergingen Tage und Nächte; niemand kam hinauf; und als endlich jemand kam, so geschah es, um einige große Kasten in einen Winkel zu stellen. Nun stand der Baum ganz versteckt; man musste glauben, dass er völlig vergessen war.

Jetzt ist es Winter draußen!, dachte der Baum. Die Erde ist hart und mit Schnee bedeckt, die Menschen können mich jetzt nicht pflanzen! Deshalb soll ich wohl bis zum Frühjahr hier im Schutze stehen! Wie wohl bedacht das ist! Wie die Menschen doch so gut sind! – Wäre es hier nur nicht so dunkel und so schrecklich einsam! – Nicht einmal ein kleiner Hase! – Das war doch so niedlich da draußen im Walde, wenn der Schnee lag und der Hase vorübersprang; ja, selbst als er über mich

hinwegsprang; aber damals konnte ich es nicht leiden. Hier oben ist es doch schrecklich einsam!

»Piep! Piep!«, sagte da eine kleine Maus und huschte hervor; und dann kam noch eine. Sie beschnüffelte den Tannenbaum und dann schlüpfte sie zwischen seine Zweige.

»Es ist eine gräuliche Kälte!«, sagten die kleinen Mäuse. »Sonst ist es hier fein! Nicht wahr, du alter Tannenbaum!«

»Ich bin gar nicht alt!«, sagte der Tannenbaum. »Es gibt viele, die weit älter sind als ich!«

»Wo kommst du her?«, fragten die Mäuse. »Und was weißt du?« Sie waren gewaltig neugierig. »Erzähle uns doch von dem schönsten Ort auf Erden! Bist du dort gewesen? Bist du in der Speisekammer gewesen, wo Käse auf den Brettern liegen und Schinken unter der Decke hängen, wo man auf Talglicht tanzt, mager hineingeht und fett herauskommt?«

»Das kenne ich nicht!«, sagte der Baum. »Aber den Wald kenne ich, wo die Sonne scheint und wo die Vögel singen!« Und dann erzählte er alles aus seiner Jugend und die kleinen Mäuse hatten früher dergleichen nie gehört und sie horchten auf und sagten: »Nein, wie viel du gesehen hast! Wie glücklich du gewesen bist!«

»Ich?«, sagte der Tannenbaum und dachte über das, was er selbst erzählte, nach. »Ja, es waren im Grunde ganz fröhliche Zeiten!« – Aber dann erzählte er vom Weihnachtsabend, wo er mit Kuchen und Lichtern geschmückt war.

»Oh!«, sagten die kleinen Mäuse. »Wie glücklich du gewesen bist, du alter Tannenbaum.«

»Ich bin gar nicht alt!«, sagte der Baum. »Erst diesen Winter bin ich vom Walde gekommen! Ich bin nur so im Wachstum zurückgeblieben.«

»Wie schön du erzählst!«, sagten die kleinen Mäuse. Und in der nächsten Nacht kamen sie mit vier andern kleinen Mäusen, die den Baum erzählen hören sollten, und je mehr er erzählte, desto deutlicher erinnerte er sich selbst an alles und dachte: Es waren doch ganz fröhliche Zeiten! Aber sie können wieder kommen; Klumpe-Dumpe fiel die Treppe hinunter und erhielt doch die Prinzessin. Vielleicht kann ich auch eine Prinzessin bekommen. Und dann dachte der Tannenbaum an eine niedliche, kleine Birke, die draußen im Wald wuchs; das war für den Tannenbaum eine wirkliche, schöne Prinzessin.

»Wer ist Klumpe-Dumpe?«, fragten die kleinen Mäuse. Und dann erzählte der Tannenbaum das ganze Märchen; er konnte sich jedes einzelnen Wortes entsinnen und die kleinen Mäuse waren nahe daran, aus reiner Freude bis an die Spitze des Baumes zu springen. In der folgenden Nacht kamen weit mehr Mäuse und am Sonntag sogar zwei Ratten; aber die meinten, die Geschichte sei nicht hübsch, und das betrübte die kleinen Mäuse, denn nun hielten sie auch weniger davon.

»Wissen Sie nur die eine Geschichte?«, fragten die Ratten.

»Nur die eine!«, sagte der Baum. »Die hörte ich an meinem glücklichsten Abend; damals dachte ich nicht daran, wie glücklich ich war.«

»Das ist eine höchst jämmerliche Geschichte! Wissen Sie keine von Speck und Talglicht? Keine Speisekammer-Geschichte?«

»Nein!«, sagte der Baum.

»Dann danken wir dafür!«, erwiderten die Ratten und gingen zu den Ihrigen zurück.

Die kleinen Mäuse blieben zuletzt auch weg; da seufzte der Baum: »Es war doch hübsch, als sie um mich herumsaßen, die beweglichen, kleinen Mäuse, und zuhörten, wie ich erzählte! Nun ist das vorbei! – Aber ich werde daran denken, mich zu freuen, wenn man mich wieder hervorholt.«

Aber wann geschah das? – Ja, es war eines Morgens, da kamen Leute und wirtschafteten auf dem Boden; die Kasten wurden weggesetzt, der Baum wurde hervorgeholt; sie warfen ihn gegen den Fußboden, aber ein Diener schleppte ihn gleich nach der Treppe hin, wo der Tag leuchtete.

Nun beginnt das Leben wieder!, dachte der Baum; er fühlte die frische Luft, die ersten Sonnenstrahlen – und nun war er draußen im Hofe. Alles ging so geschwind; der Baum vergaß völlig sich selbst zu betrachten; da war so vieles ringsumher zu sehen. Der Hof stieß an einen Garten und alles blühte darin; die Rosen hingen so frisch und duftend über das kleine Gitter hinaus, die Lindenbäume blühten und die Schwalben flogen umher und sagten: »Quirre-virre-vit, mein Mann ist gekommen!« Aber es war nicht der Tannenbaum, den sie meinten. »Nun werde ich leben!«, jubelte dieser und breitete seine Zweige weit aus; aber ach, sie waren alle vertrocknet und gelb; und er lag da im Winkel zwischen Unkraut und Nesseln. Der Stern von Goldpapier saß noch oben an der Spitze und glänzte im hellen Sonnenschein.

Im Hofe selbst spielten einige von den munteren Kindern, die zur Weihnachtszeit den Baum umtanzt hatten und so fröhlich über ihn gewesen waren. Eins der kleinsten lief hin und riss den Goldstern ab. »Sieh, was da noch an dem hässlichen, alten Tannenbaum sitzt!«, sagte es und trat auf die Zweige, sodass sie unter seinen Stiefeln knackten.

Und der Baum sah auf all die Blumenpracht und Frische im Garten; er betrachtete sich selbst und wünschte, dass er in seinem dunklen Winkel auf dem Boden liegen geblieben wäre; er gedachte seiner frischen Jugend im Walde, des lustigen Weihnachtsabends und der kleinen Mäuse, die so munter die Geschichte von Klumpe-Dumpe angehört hatten.

»Vorbei! Vorbei!«, sagte der alte Baum. »Hätte ich mich doch gefreut, als ich es noch konnte! Vorbei! Vorbei!«

Und der Knecht kam und hieb den Baum in kleine Stücke; ein ganzes Bündel lag da; hell flackerte es auf unter dem großen Braukessel; und er seufzte tief und jeder Seufzer war einem kleinen Schusse gleich; deshalb liefen die Kinder, die da spielten, herbei und setzten sich vor das Feuer, blickten in dasselbe hinein und riefen: »Piff! Piff!« Aber bei jedem Knall, der ein Seufzer war, dachte der Baum an einen Sommertag im Walde oder an eine Winternacht da draußen, wenn die Sterne funkelten; er dachte an den Weihnachtsabend und an Klumpe-Dumpe, das einzige Märchen, welches er gehört hatte und zu erzählen wusste, und dann war der Baum verbrannt.

Die Knaben spielten im Garten und der kleinste hatte den Goldstern auf der Brust, den der Baum an seinem glücklichsten Abend getragen; und nun war der vorbei und mit dem Baum war es vorbei und mit der Geschichte auch; vorbei, vorbei – und so geht es mit allen Geschichten!

Nach der Original-Übersetzung bearbeitet von Freya Stephan-Kühn

Hans-Christian Andersen
Die Schneekönigin
Ein Märchen in sieben Geschichten

Erste Geschichte,
die vom Spiegel und den Scherben handelt

So! Nun beginnen wir. Wenn wir am Ende der Geschichte sind, wissen wir mehr, als wir jetzt wissen, denn es war ein böser Kobold, einer der allerschlimmsten, es war der Teufel! Eines Tages hatte er recht gute Laune, denn er hatte gerade einen Spiegel gemacht, der die Eigenschaft besaß, alles Gute und Schöne, was sich darin spiegelte, zu fast nichts verschwinden zu lassen, während das, was nichts taugte und hässlich war, noch deutlicher hervortrat und noch schlimmer wurde. Die schönsten Landschaften sahen in dem Spiegel aus wie gekochter Spinat und die allerbesten Menschen wurden hässlich oder standen auf dem Kopf und hatten keinen Rumpf. Die Gesichter verzerrten sich so, dass man sie nicht wieder erkennen konnte, und wenn man eine Sommersprosse besaß, konnte man sicher sein, dass sie sich über die Nase und den Mund ausbreitete. Das fand der Teufel sehr lustig. Wenn ein Mensch einen guten, frommen

Gedanken hatte, zeigte sich ein Grinsen in diesem Spiegel, sodass der Teufel über seine Erfindung laut lachen musste. Alle, die seine Zauberschule besuchten, denn er hatte eine Koboldschule, erzählten überall, ein Wunder sei geschehen. Nun könne man erst sehen, wie die Welt und die Menschen wirklich aussähen. Sie liefen mit dem Spiegel umher und schließlich gab es kein Land und auch keinen Menschen mehr, der sich nicht verzerrt darin gespiegelt hatte. Zuletzt wollten sie sogar zum Himmel emporfliegen, um die Engel und den lieben Gott damit zu verspotten. Je höher sie mit dem Spiegel flogen, desto stärker grinste es im Spiegel, sodass sie ihn kaum noch halten konnten. Doch sie flogen höher und höher, Gott und den Engeln entgegen. Da bebte der Spiegel so stark und das Grinsen wurde so schrecklich, dass er ihnen aus den Händen fiel und zur Erde stürzte. Dort zerbarst er in hundert Millionen, Billionen und noch mehr Stücke, aber gerade dadurch richtete er weit mehr Unglück an als vorher. Einige Splitter hatten gerade die Größe eines Sandkorns und flogen nun in der Welt umher, und wo sie den Menschen ins Auge flogen, setzten sie sich darin fest und nun sahen die Menschen alles verkehrt oder hatten nur noch Augen für das, was bei einer Sache schlecht war, denn jeder kleine Splitter hatte die gleiche Kraft wie der ganze Spiegel. Einigen Menschen drang sogar ein kleiner Spiegelsplitter ins Herz. Dann wurde es ganz schrecklich, denn das Herz wurde förmlich zu einem Klumpen Eis. Einige Spiegelstücke waren so groß, dass man sie als Fensterscheibe verwendete; aber es war wahrhaftig nicht schön, seine Freunde durch diese Scheibe zu sehen. Andere Stücke wurden zu Brillengläsern verarbeitet, und wenn die Leute sie aufsetzten, war es ihnen unmöglich, gut zu sehen und gut zu sein. Der Teufel lachte, bis ihm fast der Bauch platzte, und das kitzelte ihn so schön. Aber draußen flogen immer noch Glassplitter in der Luft herum. Und nun werden wir es hören.

Zweite Geschichte

Ein kleiner Junge und ein kleines Mädchen

In der großen Stadt, wo es so viele Häuser und Menschen gibt, dass kein Platz da ist, damit alle Leute einen kleinen Garten haben können und weshalb sich die meisten mit ein paar Blumentöpfen begnügen müssen, gab es zwei arme Kinder. Sie hatten jedoch einen Garten, der etwas größer war als ein Blumentopf. Die beiden waren keine Geschwister, aber sie hatten sich genauso lieb, als wenn sie es gewesen wären. Ihre Eltern waren Nachbarn, sie wohnten nebeneinander, und zwar in zwei Dachkammern. Da, wo das eine Dach an das andere stieß und die Regenrinne zwischen den beiden Dächern verlief, gab es in jedem Haus ein kleines Fenster. Man brauchte nur über die Regenrinne zu steigen, dann konnte man von einem Fenster zum anderen gehen. Ihre beiden Eltern hatten auf dem Dach zwei große Holzkisten aufgestellt, in denen Küchenkräuter wuchsen. In jeder Kiste befand sich zudem ein kleiner Rosenstock und diese Rosenstöcke wuchsen ganz herrlich. Dann kamen die Eltern auf die Idee, die Kisten quer über die Regenrinne zu stellen, sodass sie beinahe von einem zum anderen Fenster reichten und wie zwei Wälle aus Blumen aussahen. Erbsenranken hingen über die Kisten herab und aus den Rosenstöcken trie-

ben lange Zweige, die sich um die Fenster rankten und sich ineinander schlangen; es sah fast aus wie ein Torbogen aus Blättern und Blumen. Die Ränder der Kisten waren sehr hoch und die Kinder wussten, dass sie nicht hinaufklettern durften. Daher erlaubten ihnen die Eltern manchmal aufs Dach hinauszusteigen und auf kleinen Stühlen unter den Rosen zu sitzen. Dort spielten sie dann herrlich.

Im Winter hatte der Spaß ein Ende. Die Fenster waren oft ganz vereist. Doch dann wärmten sie Kupferstücke auf dem Ofen, legten die warmen Geldstücke an die gefrorene Scheibe und auf diese Weise entstand ein schönes Guckloch; dahinter erschien an jedem Fenster ein freundliches Auge; das waren der kleine Junge und das kleine Mädchen. Er hieß Kay und sie hieß Gerda. Im Sommer brauchten sie nur einen Schritt, um zueinander zu kommen, aber im Winter mussten sie erst die vielen Treppen hinunter- und dann wieder die vielen Treppen hinaufsteigen; und draußen war ein Schneetreiben.

»Das sind die weißen Bienen, die dort herumschwärmen«, sagte die alte Großmutter.

»Haben sie denn auch eine Bienenkönigin?«, fragte der kleine Junge, denn er wusste, dass die wirklichen Bienen eine haben.

»Die haben sie!«, sagte die Großmutter. »Sie fliegt dort, wo die Bienen am dichtesten schwärmen, sie ist die größte von allen und niemals bleibt sie auf der Erde liegen, sondern fliegt wieder hinauf in die schwarze Wolke. In mancher Winternacht fliegt sie durch die Straßen der Stadt und guckt zum Fenster hinein und dann frieren sie zu und sehen aus, als wären sie mit Blumen überzogen.«

»Ja, das habe ich gesehen!«, riefen beide Kinder und nun wussten sie, dass es wahr ist.

»Kann die Schneekönigin denn auch hier hereinkommen?«, fragte das kleine Mädchen.

»Sie soll nur kommen!«, sagte der Junge. »Dann setze ich sie auf den warmen Ofen und dann schmilzt sie.«

Aber die Großmutter strich ihm über das Haar und erzählte andere Geschichten.

Am Abend, als der kleine Kay wieder zu Hause und schon fast ausgezogen war, kroch er noch auf den Stuhl am Fenster und blickte durch das kleine Guckloch hinaus. Draußen fielen ein paar Schneeflocken hernieder und eine von ihnen, die allergrößte, blieb auf dem Rand einer der beiden Blumenkisten liegen. Die Schneeflocke wuchs und wuchs und schließlich sah sie aus wie eine richtige Frau, die das feinste weiße Kleid aus Millionen von Sternenflocken trug. Sie war so schön und so fein, aber sie war aus Eis, aus blendendem, glitzerndem Eis, und doch war sie lebendig. Ihre Augen blitzten wie zwei Sterne, aber es war weder Ruhe noch Rast in ihnen. Sie nickte zum Fenster hin und winkte mit der Hand. Der kleine Junge erschrak und sprang vom Stuhl herunter. Da war es, als flöge draußen vor dem Fenster ein großer Vogel vorbei.

Am nächsten Tag gab es klaren Frost und dann kam Tauwetter. Der Frühling kam, die Sonne schien und das Grün streckte seine Spitzen aus der Erde; die Schwalben bauten ihre Nester, die Fenster wurden geöffnet und die beiden Kinder saßen wieder in ihrem kleinen Garten, hoch oben über allen Dächern in der Regenrinne.

Die Rosen blühten in diesem Sommer unvergleichlich schön. Das kleine Mädchen hatte ein Lied gelernt, in dem auch Rosen vorkamen, und bei diesen Rosen dachte sie immer an ihre eigenen. Sie sang es dem kleinen Jungen vor und er sang es mit:

»Im Tale blühen die Rosen so schön,
da können wir das Jesuskind sehn!«

Und die beiden fassten sich bei den Händen, küssten die Rosen und blickten hinein in Gottes hellen Sonnenschein; sie sprachen zu ihm, als wäre das Jesuskind da. Es waren schöne Sommertage und wie herrlich war es, draußen bei den Rosenstöcken zu sitzen! Es schien, als wollten sie niemals aufhören zu blühen!

Kay und Gerda saßen auf dem Dach und sahen sich ein Bilderbuch mit Tieren und Vögeln an. Da geschah es: Die große Kirchturmuhr schlug gerade fünf Uhr, da sagte Kay: »Au! Etwas stach mich ins Herz! Und jetzt ist mir etwas ins Auge geflogen!«

Das kleine Mädchen legte ihm den Arm um den Hals; er blinzelte mit den Augen, aber da war nichts zu sehen.

»Ich glaube, es ist weg«, sagte er, aber es war nicht weg. Es war eben einer dieser kleinen Glassplitter, die vom magischen Spiegel abgesprungen waren; wir erinnern uns wohl an das hässliche Glas, das alles Große und Schöne, das sich darin spiegelte, klein und hässlich

machte, während das Böse und Schlechte erst richtig hervortrat, so-dass jeder Fehler an einer Sache gleich zu sehen war. Der arme Kay, ihm war solch ein Splitter genau ins Herz geflogen. Bald würde es zu einem Eisklumpen werden. Es tat ihm nicht mehr weh, aber der Splitter war noch da.

»Warum weinst du denn?«, fragte er Gerda. »Das sieht hässlich aus! Mir fehlt ja nichts. Pfui!«, rief er dann. »Die Rose ist von einem Wurm angenagt! Und sieh mal, die dort hängt ganz schief! Eigentlich sind es scheußliche Rosen! Genau wie die Kisten, in denen sie wachsen!« Und dann trat er gegen die Kiste und riss beide Rosen ab.

»Kay, was machst du?«, rief das kleine Mädchen, und als er sah, wie sehr sie erschrocken war, riss er noch eine Rose ab und sprang dann zu seinem Fenster hinein und ließ die kleine Gerda allein zurück.

Als sie später mit ihrem Bilderbuch zu ihm kam, sagte er, das sei et-was für Babys; und wenn die Großmutter Geschichten erzählte, un-terbrach er sie ständig und sagte: »Aber –!« Ja, wenn er konnte, ging er hinter ihr her, setzte eine Brille auf und äffte sie nach; das konnte er gut und alle Leute lachten über ihn. Bald konnte er von allen Leuten in der Stadt ihre Art, zu gehen und zu reden, nachmachen; alles, was seltsam und hässlich an ihnen war, konnte Kay hervorheben und dann sagten die Leute: »Der Junge hat einen klugen Kopf!« Aber es war das Glas, das er im Auge hatte, und das Glas, das ihm im Herzen saß. Das war auch der Grund, weshalb er sogar die kleine Gerda neck-te, die ihn von Herzen lieb hatte.

Seine Spiele hatten sich verändert, sie waren so vernünftig geworden. An einem Wintertag, als dicke Schneeflocken herunterfielen, brachte er eine große Lupe mit, hob seinen blauen Mantelzipfel hoch und ließ darauf einige Flocken fallen.

»Jetzt sieh durch die Lupe, Gerda!«, sagte er und darin sah jede

Schneeflocke viel größer aus, wie eine herrliche Blume oder ein Stern mit zehn Spitzen; es sah wirklich schön aus.

»Siehst du, wie kunstvoll sie ist?«, sagte Kay. »Das ist viel interessanter als echte Blumen! Sie haben nicht einen einzigen Makel, so regelmäßig sind sie. Wenn sie doch nur nicht schmelzen würden!«

Kurz darauf kam Kay mit dicken Handschuhen und seinem Schlitten auf dem Rücken. Er schrie Gerda direkt in die Ohren: »Ich darf auf den großen Platz fahren, wo die anderen Kinder spielen!« Und dann war er fort.

Drüben auf dem Platz banden die frechsten Jungen oft ihren Schlitten am Wagen eines Bauern fest und fuhren dann ein Stück mit. Das war lustig. Gerade als das Spiel in vollem Gange war, kam ein großer Schlitten angefahren. Er war ganz weiß angemalt und drinnen saß jemand in einen rauen weißen Pelz eingehüllt und mit einer weißen, rauen Pelzmütze auf dem Kopf. Der Schlitten fuhr zweimal um den Platz herum und Kay band schnell seinen kleinen Schlitten daran fest und fuhr mit. Schneller und schneller ging es, hinein in die nächste Straße. Der Fahrer drehte sich um und nickte Kay freundlich zu – es war, als würden sie sich kennen. Jedes Mal wenn Kay seinen kleinen Schlitten losbinden wollte, nickte der Fahrer wieder und Kay blieb sitzen. Schließlich fuhren sie zum Stadttor hinaus. Dort fiel der Schnee so dicht, dass der Junge nicht mehr die Hand vor Augen sehen konnte, während der Schlitten weiter dahinsauste. Kay ließ die Schnur fallen, um von dem großen Schlitten loszukommen, aber es half nichts: Sein kleiner Schlitten hing weiter fest und mit Windeseile ging es vorwärts. Er rief laut, aber niemand hörte ihn. Der Schnee fiel, der Schlitten flog nur so dahin; manchmal machte er einen Sprung, als führe er über Gräben und Hecken. Kay hatte große Angst; er wollte das Vaterunser beten, aber ihm fiel nur das große Einmaleins ein.

Die Schneeflocken wurden immer größer und größer; schließlich sahen sie aus wie große weiße Hühner. Auf einmal fuhren sie an die Seite, der große Schlitten hielt an und der Fahrer stand auf. Pelz und Mütze waren ganz aus Schnee. Es war eine Dame, groß und schlank und so schimmernd weiß – es war die Schneekönigin.

»Wir sind gut gefahren!«, sagte sie. »Aber wer friert denn da? Kriech hinein in meinen Bärenpelz!« Und sie hob den Jungen neben sich in den Schlitten und legte ihm den Pelz um. Es war, als versänke er in einer Schneewehe.

»Frierst du noch?«, fragte sie und dann küsste sie ihn auf die Stirn. Huh! Das war kälter als Eis und ging ihm bis ins Herz hinein, das ja schon ein halber Eisklumpen war. Er dachte, er würde sterben, aber nur kurz – dann wurde ihm wohler und er spürte die Kälte nicht mehr.

»Mein Schlitten! Vergiss meinen Schlitten nicht!«, fiel ihm nun ein. Und der Schlitten wurde einem der weißen Hühner auf den Rücken gebunden und das flog damit hinter ihnen her. Die Schneekönigin küsste Kay noch einmal und da vergaß er die kleine Gerda und die Großmutter und alle anderen zu Hause.

»Jetzt bekommst du keine Küsse mehr«, sagte sie, »denn sonst küsse ich dich tot!«

Kay sah sie an. Sie war sehr schön. Er könnte sich kein klügeres und schöneres Gesicht vorstellen. Sie schien nicht mehr aus Eis zu sein, wie damals, als sie draußen vor seinem Fenster stand und ihm zuwinkte; für ihn war sie vollkommen, er hatte auch keine Angst mehr. Er erzählte ihr, wie gut er kopfrechnen könne, und zwar mit Brüchen, dass er wisse, wie groß die Länder seien und wie viele Einwohner sie hätten, und sie lächelte dazu. Da fand er auf einmal, er wisse doch nicht genug, und er blickte hinauf zum Himmel und sie flog mit ihm

dahin, flog hoch hinauf über die schwarze Wolke und der Sturm pfiff um sie herum, als sänge er alte Lieder. Sie flogen über Wälder und Seen, über Meere und Länder; unter ihnen brauste der eisige Wind, sie hörten die Wölfe heulen; der Schnee glitzerte weiß, die schwarzen Krähen flogen schreiend darüber hinweg und über allem leuchtete der Mond groß und hell. Kay blickte ihn die ganze lange Winternacht an. Am Tag schlief er zu Füßen der Schneekönigin.

Dritte Geschichte

Der Blumengarten der Frau, die zaubern konnte

Aber wie ging es der kleinen Gerda, als Kay gar nicht mehr zurückkam? Wo war er nur? Niemand wusste es, niemand konnte es ihr sagen. Die Jungen erzählten nur, sie hätten gesehen, wie er seinen kleinen Schlitten an einen anderen, ganz großen gebunden hätte, der zur Straße und dann zum Stadttor hinausfuhr. Niemand wusste, wo er jetzt war, viele Tränen liefen und die kleine Gerda weinte bitterlich und lange. Dann hieß es, er sei wohl tot, er sei im Fluss ertrunken, der neben der Stadt vorbeifloss. Oh, es waren lange, finstere Wintertage. Jetzt kam der Frühling mit seinem warmen Sonnenschein.

»Kay ist tot und fort«, sagte die kleine Gerda.

»Das glaube ich nicht!«, sagte der Sonnenschein.

»Er ist tot und fort«, sagte sie zu den Schwalben.

»Das glauben wir nicht!«, antworteten sie ihr und schließlich glaubte es die kleine Gerda auch nicht mehr.

»Ich will meine neuen roten Schuhe anziehen«, sagte sie eines Morgens, »die Schuhe, die Kay noch nie gesehen hat, und dann gehe ich zum Fluss hinunter und frage ihn.«

Es war noch ganz früh; sie küsste die alte, schlafende Großmutter, zog

die roten Schuhe an und ging ganz allein zum Stadttor hinaus bis zum Fluss.

»Stimmt es, dass du mir meinen Freund genommen hast? Ich will dir meine roten Schuhe schenken, wenn du ihn mir dafür wiedergibst!« Und es schien ihr, als nickten ihr die Wellen so sonderbar zu. Da zog sie ihre roten Schuhe aus, das Liebste, was sie besaß, und warf sie beide in den Fluss; aber sie fielen dicht beim Ufer ins Wasser und die kleinen Wellen trugen sie gleich wieder ans Land zurück, als wollte der Fluss ihr nicht das Liebste nehmen, das sie besaß, weil er ja den kleinen Kay nicht hatte; Gerda aber dachte, sie hätte die Schuhe nur nicht weit genug hinausgeworfen, und darum kletterte sie in ein Boot, das im Schilf lag, ging ganz bis zu seinem äußersten Rand und warf die Schuhe ins Wasser. Aber das Boot war nicht vertäut und bei der Bewegung, die sie verursachte, glitt es tiefer ins Wasser hinein. Gerda merkte es und wollte schnell aussteigen, aber ehe sie auf der anderen Seite war, hatte sich das Boot schon zu weit vom Ufer entfernt und schwamm immer schneller davon.

Da erschrak die kleine Gerda sehr und begann zu weinen, aber niemand konnte sie hören, außer den Spatzen, und die konnten sie nicht an Land tragen, aber sie flogen am Ufer entlang und sangen, als wollten sie Gerda trösten: »Hier sind wir! Hier sind wir!« Das Boot trieb mit dem Strom, die kleine Gerda saß ganz still darin. Sie hatte nur noch Strümpfe an, ihre kleinen roten Schuhe schwammen hinter ihr her, aber sie kamen nicht dicht genug an das Boot heran.

Schön war es an beiden Ufern. Da gab es herrliche Blumen, alte Bäume und Weiden mit Schafen und Kühen, aber kein Mensch war zu sehen.

Vielleicht bringt mich der Fluss ja zu Kay, dachte Gerda und da wurde ihr leichter ums Herz. Sie richtete sich auf und blickte viele Stunden lang das schöne grüne Ufer an, das an ihr vorbeizog. Dann fuhr sie an einem großen Kirschengarten vorbei. Dort stand ein kleines Haus mit merkwürdigen roten und blauen Fenstern. Es hatte ein Strohdach und vor dem Haus standen zwei Holzsoldaten, die vor den Vorbeisegelnden das Gewehr schulterten.

Gerda rief ihnen zu, denn sie glaubte, sie seien lebendig, aber sie antworteten natürlich nicht. Sie kam ganz nah an sie heran, denn der Fluss trieb das Boot direkt ans Land.

Gerda rief lauter und da kam eine ganz alte Frau aus dem Haus. Sie stützte sich auf einen Krückstock und trug einen großen Sonnenhut mit den schönsten Blumen darauf.

»Du armes, kleines Kind!«, sagte die alte Frau. »Wie bist du nur auf den großen Fluss gekommen und so weit hinausgetrieben worden?« Und dann ging die alte Frau ins seichte Wasser, hakte ihren Krückstock in den Bootsrand, zog das Boot ans Ufer und hob die kleine Gerda heraus.

Gerda war froh wieder an Land zu kommen, aber sie fürchtete sich ein bisschen vor der fremden, alten Frau.

»Komm, erzähl mir, wer du bist und wie du hierher kommst!«, sagte sie. Und Gerda erzählte ihr alles und die Alte schüttelte den Kopf und machte »Hm, hm!«. Und als Gerda ihr alles erzählt und gefragt hatte, ob sie den kleinen Kay gesehen hätte, sagte die Frau, dass er nicht vorbeigekommen wäre, aber er würde schon noch kommen und sie solle nur nicht traurig sein, sondern lieber die Kirschen probieren und sich

ihre Blumen ansehen; die seien schöner als jedes Bilderbuch und jede könnte eine Geschichte erzählen. Sie nahm Gerda bei der Hand, ging mit ihr in das kleine Haus und schloss die Tür.

Die Fenster lagen sehr hoch und die Scheiben waren rot, blau und gelb. Das Tageslicht schien ganz sonderbar herein und auf dem Tisch standen die schönsten Kirschen. Gerda aß so viele, wie sie wollte, denn die alte Frau hatte es ja erlaubt. Und während sie aß, kämmte ihr die alte Frau das Haar mit einem goldenen Kamm und das Haar lockte sich und glänzte herrlich golden um das kleine, liebe Gesicht, das so rund war und aussah wie eine Rose.

»Wie habe ich mir ein so liebes, kleines Mädchen gewünscht!«, sagte die Alte. »Nun sollst du sehen, wie gut wir zwei uns verstehen werden!« Und während sie der kleinen Gerda das Haar kämmte, vergaß diese ihren Kay immer mehr. Die alte Frau konnte zaubern, aber sie war keine böse Zauberin, sondern sie zauberte nur ein bisschen zu ihrem eigenen Vergnügen und nun wollte sie gern die kleine Gerda behalten. Darum ging sie hinaus in den Garten, richtete ihren Krückstock auf alle Rosensträucher, und wie schön sie auch blühten, sie sanken alle in die schwarze Erde hinab und man konnte nicht mehr sehen, wo sie vorher gestanden hatten. Die alte Frau hatte Angst, dass Gerda beim Anblick der Rosen an ihre eigenen zu Hause denken und sich dann an den kleinen Kay erinnern und davonlaufen würde.

Nun führte sie Gerda in ihren Blumengarten. Welch ein Duft und eine Herrlichkeit hier waren! Alle Blumen aus jeder Jahreszeit standen hier und blühten. Kein Bilderbuch konnte bunter und schöner sein. Gerda hüpfte vor Freude und spielte, bis die Sonne hinter den Kirschbäumen unterging. Dann legte sie sich in ein schönes Bett mit roten Seidenkissen, die mit blauen Veilchen gefüllt waren, und dort schlief und träumte sie so herrlich wie eine Königin in ihrer Hochzeitsnacht.

Am nächsten Tag durfte sie wieder in der warmen Sonne mit den Blumen spielen – und so vergingen viele Tage. Gerda kannte nun jede Blume, aber wie viele es auch waren, so war ihr doch, als fehlte eine dabei. Aber welche, das wusste sie nicht. Eines Tages saß sie da und sah den Sonnenhut der alten Frau mit den gemalten Blumen darauf und die schönste Blume war eine Rose. Die alte Frau hatte nicht an die Rosen auf dem Hut gedacht, als sie die Rosen in ihrem Garten in die Erde versinken ließ. Aber so ist es, wenn man seine Gedanken nicht beisammenhat. »Was denn?«, rief Gerda. »Gibt es hier keine Rosen?« Und sie lief die Blumenbeete ab und suchte und suchte, aber sie fand keine.

Da setzte sie sich hin und weinte, aber ihre Tränen fielen genau an die Stelle, wo ein Rosenstrauch versunken war, und als die Tränen die Erde benetzten, schoss der Rosenstrauch auf einmal wieder empor und er blühte genauso herrlich wie vorher und Gerda umarmte ihn, küsste die Rosen und dachte an die zwei Rosenstöcke zu Hause und an den kleinen Kay.

»Oh, wie viel Zeit ich verloren habe!«, sagte das kleine Mädchen. »Ich wollte doch Kay suchen! – Wisst ihr nicht, wo er ist?«, fragte sie die Rosen. »Glaubt ihr, dass er tot und fort ist?«

»Tot ist er nicht«, sagten die Rosen. »Wir waren ja unten in der Erde und dort sind alle Toten, aber Kay war nicht dabei!«

»Vielen Dank!«, sagte die kleine Gerda und ging zu den anderen Blumen, guckte ihnen in die Kelche und fragte: »Wisst ihr vielleicht, wo der kleine Kay ist?«

Aber jede Blume, die in der Sonne stand, träumte ihr eigenes Märchen oder ihre Geschichte; und Gerda hörte viele, viele Geschichten, aber keine Blume wusste etwas von Kay.

Und was sagte die Feuerlilie?

»Hörst du die Trommel: Bum! Bum! Es sind nur zwei Töne: Bum! Bum! Höre den Klagegesang der Frauen! Höre den Ruf der Priester! – Die Hindufrau liegt in ihrem langen roten Gewand auf dem Scheiterhaufen, die Flammen lodern zu ihr und ihrem toten Mann empor. Aber die Hindufrau denkt an den Lebendigen in diesem Kreis, an ihn, dessen Augen heißer brennen als die Flammen, an ihn, dessen Augenfeuer näher an ihr Herz kommt als die Flammen, die bald ihren Körper zu Asche verbrennen. Kann die Flamme des Herzens in den Flammen des Feuers verlöschen?«

»Das verstehe ich nicht«, sagte die kleine Gerda.

»Das ist mein Märchen«, sagte die Feuerlilie.

Und was sagte die Winde mit ihren vielen weißen Blüten?

»Dort über dem schmalen Bergpfad steht eine alte Ritterburg. Dichtes Efeu rankt an den alten roten Mauern empor, Blatt an Blatt, um den Balkon herum. Dort steht ein schönes Mädchen. Sie beugt sich über das Geländer und sieht den Weg hinab. Keine Rose ist frischer als sie; keine Apfelblüte, die der Wind vom Baum trägt, schwebt

leichter dahin als sie; wie ihr herrliches Seidenkleid raschelt! Kommt er noch nicht?«

»Meinst du Kay?«, fragte die kleine Gerda.

»Ich spreche nur von meinem Märchen, von meinem Traum«, antwortete die Winde.

Was sagte das kleine Schneeglöckchen?

»Zwischen den Bäumen hängt ein Brett an zwei Seilen; es ist eine Schaukel. Zwei hübsche, kleine Mädchen mit schneeweißen Kleidern und grünen Seidenbändern an ihren Hüten sitzen dort und schaukeln. Ihr größerer Bruder steht aufrecht auf der Schaukel, den Arm um das Seil geschlungen, um sich festzuhalten. In der einen Hand hält er eine kleine Schale, in der anderen eine Tonpfeife. Er macht Seifenblasen. Die Schaukel schwingt hin und her und die Blasen schweben in den schönsten Farben durch die Luft. Die letzte hängt noch an der Pfeife und biegt sich im Wind. Die Schaukel geht hin und her. Der kleine schwarze Hund hebt sich, leicht wie die Seifenblasen, auf die Hinterpfoten und will mit in die Schaukel hinein. Sie fliegt, der Hund fällt hin, bellt und ist wütend. Er wird geneckt, die Seifenblasen zerplatzen – ein schaukelndes Brett, ein platzendes Seifenbild ist mein Gesang!«

»Es mag sein, dass es schön ist, was du erzählst, aber du sagst es so traurig und Kay kommt in deiner Geschichte gar nicht vor.«

Was sagen die Hyazinthen?

»Es waren einmal drei schöne Schwestern, ganz durchsichtig und fein. Das Kleid der einen war rot, das der zweiten blau und das der dritten ganz weiß. Sie tanzten Hand in Hand an dem stillen See im hellen Mondlicht. Es waren keine Elfenmädchen, sondern Menschenkinder. Alles duftete so süß und die Mädchen liefen in den Wald. Der Duft wurde stärker. Drei Särge mit den schönen Mädchen darin

44

glitten aus dem Dickicht des Waldes über den See. Glühwürmchen
flogen um sie herum wie kleine, schwebende Lichter. Schlafen die
tanzenden Mädchen oder sind sie tot? Der Duft der Blumen sagt, dass
sie nicht tot sind und die Abendglocke läutet den Totengesang!«

»Du machst mich ganz traurig«, sagte die kleine Gerda. »Du duftest
so stark und ich muss an die toten Mädchen denken! Ach, ist Kay
denn wirklich tot? Die Rosen sind unter der Erde gewesen und sagen
Nein!«

»Ding, dong!«, läuteten die Hyazinthenglocken. »Wir läuten nicht für
den kleinen Kay, den kennen wir ja nicht! Wir singen nur unser Lied;
es ist das einzige, das wir können!«

Und Gerda ging hinüber zur Butterblume, die zwischen den glänzenden grünen Blättern hervorleuchtete.

»Du bist wie eine kleine helle Sonne!«, sagte Gerda. »Kannst du mir sagen, wo ich meinen Spielkameraden finde?«

Und die Butterblume glänzte so schön und blickte in Gerdas Gesicht. Was für ein Lied konnte wohl eine Butterblume singen? Es handelte auch nicht von Kay.

»Am ersten Frühlingstag schien die liebe Sonne so warm in einen kleinen Hof hinein. Ihre Strahlen glitten an der weißen Wand des Nachbarn hinab. Gleich daneben wuchsen die ersten gelben Blumen wie leuchtendes Gold im warmen Sonnenschein. Die alte Großmutter saß draußen in ihrem Schaukelstuhl. Ihre Enkelin – ein armes, schönes Dienstmädchen – kam zu einem kurzen Besuch. Sie küsste die Großmutter. Gold, Herzensgold lag in diesem Kuss. Gold im Mund, Gold im Grund, Gold in der Morgenstund! Siehst du, das ist meine kleine Geschichte!«, sagte die Butterblume.

»Ach, meine arme, alte Großmutter!«, seufzte Gerda. »Ja, sie hat bestimmt Sehnsucht nach mir und sorgt sich um mich, genau so wie um den kleinen Kay. Aber ich komme bald zurück nach Hause und dann bringe ich Kay mit. Es hilft nichts, wenn ich die Blumen frage; sie kennen nur ihre eigene Geschichte und können mir nichts sagen!« Das kleine Mädchen raffte ihr Kleid hoch, damit es schneller laufen konnte. Aber die Narzisse stellte Gerda ein Bein, als sie über sie hinwegspringen wollte. Da blieb sie stehen, blickte die lange Blume an und fragte: »Weißt du vielleicht etwas?« Und sie beugte sich ganz zu ihr hinunter. Und was sagte sie?

»Ich kann mich selbst sehen! Ich kann mich selbst sehen!«, sagte die Narzisse. »Oh, wie ich dufte! Oben im kleinen Dachzimmer steht eine kleine Tänzerin halb angezogen. Sie steht mal auf dem einen Bein, mal auf beiden. Sie tritt die ganze Welt mit Füßen, es ist alles Täuschung. Sie gießt Wasser aus der Teekanne auf ein Stück Stoff, das sie in ihren

Händen hält; es ist ihr Leibchen – Sauberkeit ist eine gute Sache! Das weiße Kleid hängt am Haken, es wurde auch im Teetopf gewaschen und auf dem Dachboden getrocknet. Sie zieht es an, legt das safrangelbe Tuch um den Hals, damit das Kleid noch weißer aussieht. Hoch das Bein! Wie sie sich auf dem einen Stängel streckt! Ich kann mich selbst sehen! Ich kann mich selbst sehen!«

»Das interessiert mich gar nicht!«, sagte Gerda. »Das hättest du mir nicht zu erzählen brauchen!« Und dann lief sie bis zum äußersten Ende des Gartens.

Die Gartentür war verschlossen, aber Gerda rüttelte an dem verrosteten Riegel, bis er aufging und die Tür sich öffnete, und dann lief sie auf nackten Füßen in die Welt hinaus. Sie sah sich dreimal um, aber niemand folgte ihr. Schließlich konnte sie nicht mehr laufen und ruhte sich auf einem großen Stein aus. Als sie sich umsah, erkannte sie, dass der Sommer vorbei war. Es war Spätherbst, das hatte man in dem schönen Garten nicht gemerkt, wo die Sonne immer schien und die Blumen aller Jahreszeiten blühten.

»Gott, wie habe ich mich verspätet!«, sagte die kleine Gerda. »Es ist ja schon Herbst! Da darf ich mich nicht ausruhen!« Und sie stand auf und ging weiter.

Oh, wie ihre Füße wund und müde waren! Um sie herum sah es so kalt und grau aus; die langen Weidenblätter waren ganz gelb und der Nebel tropfte wie Wasser an ihnen herunter. Ein Blatt nach dem anderen fiel von den Bäumen, nur der Schlehdorn trug noch Früchte, die jedoch waren herb und zogen einem den Mund zusammen. Oh, wie war es in der weiten Welt grau und schwer!

Vierte Geschichte

Prinz und Prinzessin

Gerda ruhte sich wieder aus. Auf dem Schnee vor ihr hüpfte eine große Krähe. Sie hatte lange da gesessen, sie beobachtet und mit dem Kopf gewackelt. Nun sagte sie: »Kra, kra! – Gut Tag, Gut Tag!« Besser konnte sie es nicht sagen, aber sie meinte es gut mit dem kleinen Mädchen und fragte, wohin sie denn so allein in die Welt gehen wolle. Das Wort »allein« verstand Gerda sehr gut und fühlte genau, wie schwer es wog, und dann erzählte sie der Krähe ihre Geschichte und fragte sie, ob sie Kay nicht gesehen hätte.

Und die Krähe nickte ganz ernsthaft und sagte: »Das könnte schon sein!«

»Was? Glaubst du wirklich?«, rief das kleine Mädchen und drückte die Krähe fast tot, so heftig küsste sie sie.

»Sei doch vernünftig!«, sagte die Krähe. »Ich glaube, es könnte der kleine Kay sein. Aber bestimmt hat er dich schon über die Prinzessin vergessen.«

»Wohnt er bei einer Prinzessin?«, fragte Gerda.

»Ja, hör mir zu!«, sagte die Krähe. »Aber es ist so schwer, deine Sprache zu sprechen. Kannst du die Krähensprache? Dann kann ich besser erzählen.«

»Nein, die habe ich nicht gelernt«, sagte Gerda. »Aber Großmutter konnte sie. Hätte ich sie nur gelernt!«

»Das macht nichts«, sagte die Krähe, »ich werde eben erzählen, so gut ich kann, aber es wird auf jeden Fall schlecht.« Und dann erzählte sie, was sie wusste.

»In diesem Königreich, in dem wir uns jetzt befinden, wohnt eine Prinzessin. Sie ist ganz ungeheuer klug. Sie hat alle Zeitungen der Welt gelesen und sie dann wieder vergessen, so klug ist sie. Eines Tages saß sie auf dem Thron – man sagt, das sei gar nicht so lustig –, da fing sie an ein Lied zu summen, und zwar dieses: ›Warum sollte ich nicht heiraten?‹ – ›Hör mal, da ist was dran‹, sagte sie und dann wollte sie heiraten, aber sie wollte einen Mann, der antworten konnte, wenn man mit ihm sprach; einen, der nicht bloß dastand und vornehm aussah, denn das war ihr zu langweilig. Sie rief nun alle Hofdamen zusammen, und als diese hörten, was die Prinzessin vorhatte, wurden sie alle ganz vergnügt. ›Das gefällt mir!‹, sagten sie. ›An so etwas habe ich auch gerade gedacht!‹ – ›Du kannst mir glauben, dass jedes Wort wahr ist, was ich dir sage!‹, sagte die Krähe. »Ich habe eine Liebste, die zahm ist und die frei im Schloss herumspaziert, und sie hat mir alles erzählt!«

Seine Geliebte war natürlich auch eine Krähe, denn eine Krähe sucht immer ihresgleichen und das ist immer eine Krähe.

»Die Zeitungen druckten sofort einen Herzrand und den ganzen Namen der Prinzessin auf der ersten Seite. Da konnte man lesen, dass jeder gut aussehende Mann auf das Schloss kommen könnte, um mit der Prinzessin zu sprechen; und derjenige, der so frei sprechen könnte, als fühle er sich da ganz zu Hause, den wollte die Prinzessin

heiraten. – Ja, ja«, sagte die Krähe, »du kannst mir glauben, es stimmt, so sicher, wie ich hier sitze. Die Leute strömten nur so herbei, es war ein Gedränge und ein Gerenne, aber keiner hatte Erfolg, weder am ersten noch am zweiten Tag. Sie konnten alle gut reden, solange sie draußen auf der Straße waren, aber sobald sie zum Schlosstor hereinkamen und die silbern gekleideten Wachen und auf den Treppen die goldgekleideten Lakaien sahen und die riesigen, hell erleuchteten Säle, waren sie ganz durcheinander. Und dann standen sie vor dem Thron, wo die Prinzessin saß, und ihnen fiel nichts anderes ein, was sie sagen konnten, als das letzte Wort, das sie gesprochen hatte, und das wollte sie nicht noch einmal hören. Es war, als hätte man den Leuten dort drinnen Schnupftabak auf den Bauch gestreut und sie wären in Schlaf gefallen, bis sie wieder auf die Straße hinauskamen; dann konnten sie wieder reden. Die Reihe reichte vom Stadttor bis zum Schloss. Ich war selbst drinnen, um zuzusehen«, sagte die Krähe. »Sie hatten Hunger und Durst, aber im Schloss bekamen sie nicht einmal ein Glas lauwarmes Wasser. Einige waren klug und hatten sich Butterbrote mitgenommen, aber die teilten sie nicht mit ihrem Nachbarn, denn sie dachten: Soll er nur hungrig aussehen, dann nimmt ihn die Prinzessin nicht!«

»Aber Kay, der kleine Kay?«, fragte Gerda. »Wann kam der? War er denn unter den Leuten?«

»Warte, warte, nun kommen wir schon zu ihm. Es war am dritten Tag, da kam eine kleine Person ohne Pferd oder Wagen fröhlich in das Schloss spaziert. Seine Augen glänzten wie deine, er hatte schöne, lange Haare, trug aber ärmliche Kleider.«

»Das war Kay!«, jubelte Gerda. »Oh, dann habe ich ihn gefunden!«, rief sie und klatschte in die Hände.

»Er trug einen kleinen Ranzen auf dem Rücken«, sagte die Krähe.

»Nein, das war wohl sein Schlitten«, sagte Gerda, »denn mit dem Schlitten ging er fort.«

»Das kann gut sein«, sagte die Krähe, »ich habe nicht so genau hingesehen; aber das weiß ich von meiner Liebsten, dass er, als er durch das Schlosstor kam und die Wache in Silber und die Lakaien in Gold auf der Treppe sah, nicht ein bisschen verlegen wurde, sondern ihnen zunickte und sagte: ›Das muss langweilig sein, hier immer auf der Treppe zu stehen, ich gehe lieber hinein!‹ Dort waren die Säle hell erleuchtet; Minister und Staatsräte gingen auf Strümpfen umher und trugen lauter goldene Schüsseln – es konnte einem ganz feierlich zu Mute werden! Seine Stiefel knarrten schrecklich laut, aber ihm wurde trotzdem nicht bange!«

»Das war bestimmt Kay!«, sagte Gerda. »Ich weiß, dass er neue Stiefel hatte, ich habe sie in Großmutters Stube knarren gehört!«

»Ja, sie knarrten«, sagte die Krähe, »und er ging frohgemut direkt auf die Prinzessin zu, die auf einer großen Perle saß, so groß wie ein Spinnrad. Alle Hofdamen mit ihren Zofen und den Zofen ihrer Zofen und alle Kavaliere mit ihren Dienern und den Dienern ihrer Diener, die wiederum einen Burschen hielten, standen in einer Reihe aufgestellt. Und je näher sie an der Tür standen, desto stolzer sahen sie aus. Den Burschen des Dieners des Dieners, der immer in Pantoffeln geht, wagte man sich kaum anzusehen, so stolz stand er in der Tür.«

»Das muss schrecklich sein!«, sagte die kleine Gerda. »Aber Kay hat doch wohl die Prinzessin bekommen?«

»Wäre ich nicht Krähe gewesen, dann hätte ich sie genommen, und das, obwohl ich verlobt bin. Er soll ebenso gut gesprochen haben, wie ich spreche, wenn ich in der Krähensprache rede, das weiß ich von meiner Liebsten. Er war ganz fröhlich und reizend; er war gar nicht gekommen, um zu heiraten, sondern nur um die Klugheit der Prinzessin zu hören, und die gefiel ihm und er wiederum gefiel ihr.«

»Ja, bestimmt, das war Kay!«, sagte Gerda. »Er war so klug, am besten war er im Kopfrechnen mit Brüchen! – Oh, willst du mich nicht ins Schloss bringen?«

»Ja, das ist leicht gesagt!«, meinte die Krähe. »Wie machen wir das? Ich werde mit meiner Liebsten darüber sprechen; sie kann uns bestimmt einen Rat geben. Denn das sage ich dir: Ein so kleines Mädchen wie du bekommt nie die Erlaubnis, einfach ins Schloss zu kommen.«

»Doch, die bekomme ich!«, sagte Gerda. »Wenn Kay hört, dass ich hier bin, kommt er gleich heraus und holt mich!«

»Warte dort am Zaun auf mich!«, sagte die Krähe, wackelte mit dem Kopf und flog fort.

Erst am späten Abend kam die Krähe zurück. »Kra! Kra!«, sagte sie. »Ich soll dich vielmals von meiner Liebsten grüßen und hier ist ein

kleines Brot für dich, das hat sie aus der Küche genommen, wo es Brot genug gibt, und du hast bestimmt Hunger! – Es ist unmöglich für dich, in das Schloss zu gelangen. Du bist ja barfuß und die Wachen in Silber und die Lakaien in Gold würden es nicht erlauben. Aber weine nicht, du sollst schon hineinkommen. Meine Liebste kennt eine kleine Hintertreppe, die zum Schlafgemach hinaufführt, und sie weiß, wo der Schlüssel aufbewahrt wird!«

Und sie gingen in den Garten, durch die große Allee, wo ein Blatt nach dem anderen abfiel, und als auf dem Schloss die Lichter gelöscht wurden, führte die Krähe die kleine Gerda zu einer Hintertür, die nur angelehnt war.

Oh, wie Gerdas Herz vor Angst und Sehnsucht schlug! Ihr war, als würde sie etwas Böses tun, und sie wollte doch nur wissen, ob es der kleine Kay war. Aber er musste es sein, sie dachte ganz fest an seine klugen Augen, seine langen Haare, sie konnte ihn richtig lächeln sehen, wie damals, als sie zu Hause unter den Rosen saßen. Er würde sich sicher freuen sie zu sehen und zu hören, welchen weiten Weg sie seinetwegen gegangen war, und zu wissen, wie traurig sie zu Hause alle gewesen waren, als er nicht wiederkam. Oh, was für eine Furcht und Freude!

Jetzt waren sie auf der Treppe; eine kleine Lampe brannte auf einem Schrank und mitten auf dem Fußboden saß die zahme Krähe und drehte den Kopf nach allen Seiten und sah Gerda an, die knickste, wie Großmutter es ihr beigebracht hatte.

»Mein Verlobter hat mir schon so viel Gutes von Ihnen erzählt, mein kleines Fräulein«, sagte die zahme Krähe. »Ihre Vita, wie man sagt, ist auch sehr rührend! – Wollen Sie die Lampe nehmen, dann gehe ich voran. Wir gehen hier den geraden Weg, denn da treffen wir niemanden!«

»Mir ist, als käme jemand hinter uns her!«, sagte Gerda und da sauste etwas an ihr vorbei; wie Schatten flogen Pferde mit flatternder Mähne und dünnen Beinen an der Wand entlang und Jäger, Herren und Damen zu Pferd.

»Das sind nur die Träume«, sagte die Krähe. »Sie kommen und holen die Gedanken der Herrschaften zur Jagd ab, und das ist gut, dann können Sie sie besser im Bett ansehen. Ich hoffe, wenn Sie zu Ehren und Würden gelangen, werden Sie sich dankbar erweisen!«

»Darüber braucht man doch nicht zu reden!«, sagte die Krähe aus dem Wald.

Nun betraten sie den ersten Saal. Er war mit rosenrotem Atlas ausgeschlagen und hatte künstliche Blumen an den Wänden. Hier sausten die Träume an ihnen vorbei, aber sie flogen so schnell, dass Gerda die hohen Herrschaften nicht zu sehen bekam. Ein Saal war prachtvoller als der andere, man konnte ganz verwirrt werden, aber nun waren sie im Schlafgemach. Die Decke glich einer großen Palme mit Blättern aus Glas, kostbarem Glas, und in der Mitte des Fußbodens hingen an einem dicken goldenen Stängel zwei Betten, die wie Lilien aussahen. Das eine Bett war weiß, darin lag die Prinzessin; das andere war rot und darin sollte Gerda den kleinen Kay suchen. Sie bog eines der roten Blätter zur Seite und sah einen braunen Nacken – oh, es war Kay! Sie rief laut seinen Namen, hielt die Lampe über ihn – die Träume sausten zu Pferd wieder in die Stube herein, er wachte auf, drehte den Kopf und – es war nicht der kleine Kay!

Der Prinz glich ihm nur und auch er war jung und hübsch. Und die Prinzessin blinzelte aus dem weißen Lilienbett hervor und fragte, was denn sei. Da weinte die kleine Gerda und erzählte die ganze Geschichte und alles, was die Krähen für sie getan hatten.

»Du arme Kleine!«, sagten der Prinz und die Prinzessin und sie lobten

die Krähen und sagten, sie seien gar nicht böse auf sie, aber sie sollten so etwas nicht noch einmal tun. Dennoch sollten sie eine Belohnung bekommen.

»Wollt ihr frei fliegen«, fragte die Prinzessin, »oder wollt ihr eine feste Anstellung als Hofkrähen haben, mit allem, was in der Küche abfällt?«

Und die beiden Krähen verbeugten sich und baten um die feste Anstellung, denn sie dachten an ihr Alter und sagten, es sei schön, etwas auf seine alten Tage zu haben.

Der Prinz stand aus seinem Bett auf und ließ Gerda darin schlafen, mehr konnte er wohl nicht tun. Sie faltete ihre kleinen Hände und dachte: Wie gut die Menschen und die Tiere doch sind! Und dann schloss sie die Augen und schlief ganz ruhig. Alle Träume kamen wieder hereingeflogen und diesmal sahen sie aus wie Engel. Sie zogen einen kleinen Schlitten, auf dem saß Kay und nickte ihr zu. Aber es war nur ein Traum und deshalb war alles fort, als sie erwachte.

Am nächsten Tag wurde sie von Kopf bis Fuß in Seide und Samt gekleidet. Man bot ihr an auf dem Schloss zu bleiben und die Tage zu genießen, aber sie bat nur um einen kleinen Wagen mit einem Pferd und um ein Paar kleine Stiefelchen, dann wollte sie wieder in die weite Welt fahren und Kay suchen.

Und sie bekam Schuhe und einen Muff, man gab ihr reizende Kleider, und als sie losgehen wollte, hielt vor der Tür eine Kutsche aus reinem Gold. Das Wappen des Prinzen und der Prinzessin leuchtete daran wie ein Stern. Kutscher, Diener und Vorreiter – denn die gab es auch – saßen mit goldenen Kronen auf dem Kopf zu Pferd. Der Prinz und die Prinzessin selbst halfen ihr in die Kutsche und wünschten ihr Glück. Die Waldkrähe, die nun verheiratet war, begleitete sie die ersten drei Meilen. Sie saß neben ihr, denn sie konnte es nicht vertragen, rück-

wärts zu fahren. Die andere Krähe stand im Tor und schlug mit den Flügeln. Sie kam nicht mit, denn sie hatte Kopfschmerzen, seit sie eine feste Anstellung hatte und zu viel zu essen bekam. In der Kutsche gab es eine Menge Zuckerbrezeln und unter dem Sitz lagen Früchte und Pfeffernüsse.

»Leb wohl! Leb wohl!«, riefen der Prinz und die Prinzessin und die kleine Gerda weinte und die Krähe weinte – so vergingen die ersten Meilen. Da sagte auch die Krähe Lebewohl, und das war der schwerste Abschied. Sie flog in einen Baum hinauf und schlug mit ihren schwarzen Flügeln, solange sie den Wagen sehen konnte, der wie der helle Sonnenschein glänzte.

Fünfte Geschichte

Das kleine Räubermädchen

Nun fuhren sie durch den finsteren Wald, aber die Kutsche leuchtete so hell wie eine Fackel. Das stach den Räubern in die Augen, das konnten sie nicht ertragen.

»Das ist Gold! Das ist Gold!«, riefen sie, stürzten aus dem Dickicht hervor, ergriffen die Pferde, schlugen die kleinen Vorreiter, den Kutscher und die Diener tot und zerrten die kleine Gerda aus dem Wagen.

»Sie ist fett, sie ist niedlich, sie ist mit Nüssen gefüttert worden!«, sagte das alte Räuberweib. Sie hatte einen struppigen Bart und Augenbrauen, die ihr über die Augen herabhingen. »Sie ist so gut wie ein kleines, fettes Lamm! Na, die wird schmecken!« Und dann zog sie ihr blankes Messer heraus, das glänzte ganz schrecklich.

»Au!«, sagte das Weib auf einmal, denn ihre Tochter, die auf ihrem Rücken hing und sich so wild und unartig aufführte, dass es eine Freude war, biss ihr ins Ohr. »Du widerliches Balg!«, sagte die Mutter und kam nicht dazu, Gerda zu schlachten.

»Sie soll mit mir spielen!«, sagte das kleine Räubermädchen. »Sie soll mir ihren Muff geben und ihr hübsches Kleid und bei mir in meinem Bett schlafen!« Und dann biss sie wieder, dass das Räuberweib in die

Luft sprang und sich um und um drehte, und alle Räuber sagten: »Seht doch, wie sie mit ihrem Balg tanzt!«

»Ich will in die Kutsche!«, sagte das kleine Räubermädchen und dann musste sie ihren Willen haben, denn sie war ganz verzogen und eigensinnig. Sie und Gerda saßen in der Kutsche und dann fuhren sie über Stock und Stein ganz tief in den Wald hinein. Das kleine Räubermädchen war so groß wie Gerda, aber kräftiger, mit breiteren Schultern und dunklerer Haut. Die Augen waren ganz schwarz, sie sahen fast traurig aus. Sie umarmte die kleine Gerda und sagte: »Sie sollen dich nicht schlachten, solange ich nicht böse auf dich bin. Bist du eine Prinzessin?«

»Nein«, sagte die kleine Gerda und sie erzählte alles, was sie erlebt hatte und wie lieb sie den kleinen Kay hätte.

Das Räubermädchen schaute sie ganz ernst an, nickte mit dem Kopf und sagte: »Sie dürfen dich nicht schlachten, selbst wenn ich böse auf dich bin. Dann werde ich es selbst tun!« Und dann trocknete sie Gerdas Augen und steckte ihre beiden Hände in den schönen Muff, der so weich und warm war.

Nun hielt die Kutsche; sie waren mitten auf dem Hof eines Räuberschlosses angekommen. Es war von oben bis unten gespalten. Raben und Krähen stoben aus den offenen Löchern hervor und die großen Bulldoggen, von denen jede aussah, als könne sie einen Menschen auffressen, sprangen hoch; aber sie bellten nicht, denn das war verboten.

In dem großen, alten, rauchgeschwärzten Saal brannte mitten auf dem Steinfußboden ein großes Feuer; der Rauch stieg unter die Decke und musste sich selbst einen Ausgang suchen. In einem großen Kessel kochte die Suppe und an den Spießen drehten sich Hasen und Kaninchen.

»Du sollst heute Nacht mit mir hier bei allen meinen Tieren schlafen«,

sagte das Räubermädchen. Sie bekamen zu essen und zu trinken und gingen dann in eine Ecke, in der Stroh und Decken lagen. Darüber hockten auf Latten und Stangen über hundert Tauben, die alle zu schlafen schienen, sich aber doch ein bisschen herumdrehten, als die kleinen Mädchen kamen.

»Die gehören alle mir!«, sagte das kleine Räubermädchen und sie griff nach einer, hielt sie an den Beinen und schüttelte sie, dass sie mit den Flügeln schlug. »Küsse sie!«, rief sie und schlug sie der kleinen Gerda ins Gesicht. »Und da sitzen die Waldtauben, diese Bälger!«, fuhr sie fort und deutete auf eine Reihe von Stäben, die vor einem Loch oben in der Wand eingeschlagen worden waren. »Das sind Waldtauben, die beiden! Sie fliegen gleich fort, wenn man sie nicht ordentlich verschlossen hält; und hier steht mein alter, liebster Bä!« Und sie zog ein Rentier am Horn. Es hatte ein glänzendes Kupferband um den Hals und war angebunden. »Den müssen wir auch festbinden, sonst läuft er uns davon. Jeden Abend kitzle ich ihn mit meinem scharfen Messer am Hals, davon bekommt er Angst!« Und das kleine Mädchen zog ein langes Messer aus einem Mauerspalt und ließ es über den Hals des Rentieres gleiten. Das arme Tier schlug mit den Beinen aus und das Räubermädchen lachte und zog Gerda mit auf ihr Bett.

»Willst du das Messer beim Schlafen behalten?«, fragte Gerda und blickte etwas ängstlich darauf.

»Ich schlafe immer mit dem Messer!«, sagte das kleine Räubermädchen. »Man weiß ja nie, was einem passieren kann. Aber jetzt erzähle mir noch einmal, was du mir vorhin von dem kleinen Kay erzählt hast und weshalb du in die weite Welt gegangen bist!« Gerda erzählte wieder von vorn und die Waldtauben gurrten oben im Käfig und die anderen Tauben schliefen. Das kleine Räubermädchen legte ihren Arm um Gerdas Hals, hielt das Messer in der anderen Hand und schlief

und machte dabei laute Geräusche. Aber Gerda konnte ihre Augen nicht schließen, denn sie wusste nicht, ob sie leben oder sterben würde. Die Räuber hockten rings um das Feuer herum, sangen und tranken und das Räuberweib schlug Purzelbäume. Oh, es war ganz schrecklich für das kleine Mädchen, das mit anzusehen.

Da sagten die Waldtauben: »Gurr! Gurr! Wir haben den kleinen Kay gesehen. Ein weißes Huhn trug seinen Schlitten und er saß im Schlitten der Schneekönigin, die ganz dicht über den Wald flog, als wir im Nest lagen. Sie blies auf uns herunter und bis auf uns beide starben alle, gurr, gurr!«

»Was sagt ihr da oben?«, rief Gerda. »Wo ist die Schneekönigin hingereist? Wisst ihr etwas davon?«

»Wahrscheinlich nach Lappland, denn da sind ewiger Schnee und Eis. Frag das Rentier, das dort am Strick angebunden ist.«

»Dort sind Eis und Schnee, da ist es herrlich«, sagte das Rentier. »Man kann dort frei herumspringen in den großen, schimmernden Tälern. Dort hat die Schneekönigin ihr Sommerzelt. Aber ihr festes Schloss steht oben am Nordpol auf der Insel, die man Spitzbergen nennt!«

»Oh Kay, kleiner Kay!«, seufzte Gerda.

»Du sollst still liegen!«, sagte das Räubermädchen. »Sonst bekommst du das Messer in den Bauch!«

Am nächsten Morgen erzählte ihr Gerda alles, was die Waldtauben gesagt hatten, und das Räubermädchen sah ganz ernst aus, nickte mit dem Kopf und sagte: »Das ist ganz einerlei, ganz einerlei. – Weißt du, wo Lappland liegt?«, fragte sie das Rentier.

»Wer sollte das wohl besser wissen als ich!«, sagte das Tier und seine Augen funkelten. »Dort bin ich geboren und groß geworden und auf den Schneefeldern herumgelaufen.«

»Hör zu!«, sagte das Räubermädchen zu Gerda. »Du siehst, dass alle Männer fort sind, nur die Mutter ist noch hier und sie bleibt zu Hause. Aber nachher trinkt sie aus der großen Flasche und macht dann ein Schläfchen – dann werde ich etwas für dich tun!«

Sie sprang aus dem Bett, schlang die Arme um den Hals ihrer Mutter, zog sie am Ziegenbart und sagte: »Mein einziger, süßer Ziegenbock, Guten Morgen!« Und die Mutter gab ihr einen Nasenstüber, dass sie rot und blau wurde, aber das war nur aus Liebe.

Als die Mutter aus der Flasche getrunken hatte und ihr Schläfchen machte, ging das Räubermädchen zum Rentier und sagte: »Ich hätte wohl Lust, dich noch so manches Mal mit dem scharfen Messer zu kitzeln, denn dann bist du so lustig. Aber es ist einerlei, ich will deinen Strick lösen und dir hinaushelfen, damit du nach Lappland laufen kannst. Aber du musst ordentlich laufen und das kleine Mädchen zum Schloss der Schneekönigin bringen, wo ihr Spielkamerad ist. Du

hast ja gehört, was sie erzählt hat, denn sie hat laut genug geredet und du hast gelauscht!«

Das Rentier sprang vor Freude in die Luft. Das Räubermädchen hob die kleine Gerda auf seinen Rücken und band sie sogar fest und gab ihr noch ein kleines Kissen zum Sitzen. »Es ist einerlei«, sagte sie. »Hier hast du deine Pelzstiefel wieder, denn es wird kalt. Aber den Muff behalte ich, der ist zu niedlich! Frieren sollst du aber nicht. Hier hast du die großen Fausthandschuhe von meiner Mutter. Sie gehen dir bis zu den Ellenbogen: Steck deine Hände hinein! – Jetzt siehst du aus wie meine scheußliche Mutter dort!«

Und Gerda weinte vor Freude.

»Ich kann es nicht leiden, wenn du heulst!«, sagte das kleine Räubermädchen. »Du musst fröhlich aussehen. Hier hast du noch zwei Brote und einen Schinken, dann kannst du nicht verhungern.« Sie band beides hinten auf das Rentier. Dann öffnete sie die Tür, lockte alle großen Hunde herein und schnitt dann den Strick mit dem Messer durch. »Nun lauf!«, sagte sie zum Rentier. »Aber pass auf das kleine Mädchen auf.«

Und Gerda streckte die Hände mit den großen Fausthandschuhen nach dem Räubermädchen aus und sagte Lebewohl. Dann flog das Rentier über Stock und Stein davon, durch den großen Wald, über Sümpfe und Steppen, so schnell es nur konnte. Die Wölfe heulten und die Raben krächzten. »Puff! Puff!«, machte es oben am Himmel und es sah so aus, als würde er Feuer niesen.

»Das sind meine alten Nordlichter!«, sagte das Rentier. »Sieh doch, wie sie leuchten!« Und dann lief es noch schneller, Tag und Nacht. Die Brote wurden gegessen, der Schinken auch und dann waren sie in Lappland.

Sechste Geschichte
Die Lappin und die Finnin

Sie hielten vor einem kleinen Haus an. Es war ganz ärmlich: Das Dach reichte bis zur Erde und die Tür war so niedrig, dass die Familie auf dem Bauch rutschen musste, wenn sie hinein- oder hinauswollte. Hier war niemand zu Hause außer einer alten Lappin, die über einer alten Tranlampe Fische briet. Das Rentier erzählte Gerdas ganze Geschichte, aber erst seine eigene, denn die fand es viel wichtiger, und Gerda war von der Kälte so durchgefroren, dass sie nicht sprechen konnte.

»Ach, ihr Armen!«, sagte die Lappin. »Da müsst ihr noch weit gehen! Ihr müsst noch über hundert Meilen nach Finnmark hinein, denn dort auf dem Land wohnt die Schneekönigin und zündet jeden Abend ein Feuerwerk an. Ich werde ein paar Worte auf einen getrockneten Stockfisch schreiben, denn Papier besitze ich nicht; den werde ich euch für die Finnin dort oben mitgeben. Sie kann euch besser helfen als ich!«

Und als Gerda sich aufgewärmt und gegessen und getrunken hatte, schrieb die Lappin ein paar Worte auf einen getrockneten Stockfisch und bat sie gut darauf aufzupassen. Dann band sie Gerda wieder auf dem Rentier fest und es lief davon. »Puff! Puff!«, machte es oben in der Luft. Die ganze Nacht leuchtete das schönste blaue Nordlicht – und

dann kamen sie in die Finnmark und klopften an den Schornstein der Finnin, denn sie hatte noch nicht einmal eine Tür.

Drinnen war eine solche Hitze, dass die Finnin beinahe ganz nackt umherging. Sie war klein und schmutzig und sie zog Gerda gleich die Kleider aus, nahm ihr die Fausthandschuhe und die Stiefel ab, denn sonst wäre ihr zu heiß geworden, legte dem Rentier ein Stück Eis auf den Kopf und las dann, was auf dem Stockfisch stand. Sie las es dreimal, bis sie es auswendig konnte, und dann steckte sie den Fisch in den Kochtopf, denn man konnte ihn ja noch essen und sie verschwendete nie etwas.

Nun erzählte das Rentier erst seine Geschichte und dann die von Gerda und die Finnin blinzelte mit ihren klugen Augen, sagte aber nichts.

»Du bist so klug«, sagte das Rentier. »Ich weiß, dass du alle Winde mit einem Faden zusammenbinden kannst, und wenn die Seemänner einen Knoten lösen, bekommen sie guten Wind, beim zweiten bläst es scharf und beim dritten und vierten Knoten stürmt es, dass die Wälder umfallen. Kannst du dem kleinen Mädchen nicht einen Trank geben, dass sie die Kraft von zwölf Männern bekommt und die Schneekönigin besiegen kann?«

»Die Kraft von zwölf Männern?«, sagte die Finnin. »Ja, das würde viel helfen!« Und dann ging sie zu einem Regal, holte ein großes, zusammengerolltes Fell herunter und wickelte es auf. Darauf standen seltsame Buchstaben und die Finnin las, bis ihr das Wasser von der Stirn tropfte.

Und das Rentier bat wieder so sehr für die kleine Gerda und Gerda blickte die Finnin so bittend an, dass sie wieder mit ihren Augen blinzelte und das Rentier mit in eine Ecke zog. Sie legte ihm frisches Eis auf den Kopf und flüsterte ihm etwas zu.

»Der kleine Kay ist wirklich bei der Schneekönigin, aber er findet dort

alles so gut und schön und glaubt, es sei der beste Ort auf der Welt. Das kommt daher, dass er einen Glassplitter ins Herz und ein kleines Glaskörnchen ins Auge bekommen hat. Die müssen erst heraus, sonst wird er nie mehr ein Mensch und die Schneekönigin wird ihn immer in ihrer Macht behalten!«

»Kannst du der kleinen Gerda etwas zu trinken geben, damit sie Macht über alles bekommt?«

»Ich kann ihr keine größere Macht geben, als sie schon hat! Siehst du denn nicht, wie groß die ist? Wie Menschen und Tiere sich ihr unterwerfen und wie sie auf nackten Füßen in der Welt vorwärts gekommen ist? Sie braucht von uns keine Macht, die hat sie im Herzen, weil sie ein unschuldiges, süßes Kind ist. Wenn sie nicht allein zur Schneekönigin findet und die Glassplitter aus dem kleinen Kay herausbekommt, können wir ihr auch nicht helfen! Zwei Meilen von hier fängt der Garten der Schneekönigin an. Dorthin kannst du sie tragen. Lasse sie bei dem großen Busch mit den roten Beeren absteigen. Rede nicht lange, sondern beeile dich und komme schnell wieder!«

Und dann hob die Finnin die kleine Gerda auf das Rentier und es lief rasch davon.

»Oh, ich habe meine Stiefel vergessen! Ich habe meine Fausthandschuhe vergessen!«, rief die kleine Gerda, denn sie spürte nun die schneidende Kälte. Aber das Rentier wagte nicht anzuhalten und lief weiter, bis es zum Busch mit den roten Beeren kam. Da setzte es Gerda ab, küsste sie auf den Mund und ein paar große helle Tränen liefen dem Tier über die Wangen. Dann rannte es so schnell es konnte wieder zurück.

Da stand die arme Gerda ohne Handschuhe und Stiefel mitten in der schrecklich kalten Finnmark.

Sie lief voran. Da kam ein ganzes Heer von Schneeflocken, aber sie

fielen nicht vom Himmel herunter, denn der war ganz klar und leuchtete von lauter Nordlichtern. Die Schneeflocken flogen auf der Erde dahin, und je näher sie kamen, desto größer wurden sie. Gerda erinnerte sich, wie groß und künstlich sie damals unter der Lupe ausgesehen hatten. Hier waren sie allerdings noch viel größer und schrecklicher, denn sie waren lebendig und die Wachtposten der Eiskönigin. Sie sahen ganz merkwürdig aus, teilweise wie große, hässliche Stachelschweine, andere wie verknotete Schlangen, die die Köpfe hervorstreckten, und wieder andere wie dicke Bären, denen die Haare zu Berge standen. Sie waren alle schimmernd weiß und es waren lebendige Schneeflocken.

Da betete die kleine Gerda das Vaterunser und die Kälte war so stark, dass sie ihren eigenen Atem sehen konnte. Er flog ihr wie Nebel aus dem Mund, wurde dichter und dichter und formte sich zu kleinen, durchsichtigen Engeln, die immer größer wurden, je näher sie dem Boden kamen. Sie hatten Helme auf dem Kopf und Speere und Schilder in den Händen. Es wurden mehr und mehr, und als Gerda das Vaterunser beendet hatte, stand ein ganzes Heer um sie herum. Sie stachen mit den Speeren gegen die schrecklichen Schneeflocken, sodass sie in hundert Stücke zersprangen, und die kleine Gerda ging sicher und ohne Angst voran. Die Engel streichelten ihre Hände und Füße, sodass sie nicht mehr fühlte, wie kalt es war, und sie ging schnell auf das Schloss der Schneekönigin zu.

Aber nun wollen wir erst erfahren, wie es Kay erging. Er dachte natürlich nicht an die kleine Gerda und schon gar nicht daran, dass sie draußen vor dem Schloss stünde.

Siebte Geschichte

Was im Schloss der Schneekönigin und später geschah

Die Wände des Schlosses waren aus wirbelndem Schnee gemacht und Fenster und Türen aus eisigen Winden. Über hundert Säle gab es, ganz wie der Schnee sie geformt hatte; der größte war viele Meilen lang. Sie wurden alle vom starken Nordlicht beleuchtet und waren so groß, so leer, so eisig kalt und glitzernd. Hier gab es keine Fröhlichkeit, noch nicht einmal einen kleinen Bärenball, zu dem der Sturm hätte spielen und die Eisbären auf den Hinterbeinen hätten gehen können, um ihr feines Benehmen zu zeigen. Keine kleine Gesellschaft, die Maulklapp und Tatzenschlag spielte; keinen Kaffeeklatsch der Fuchsdamen. Leer, groß und kalt waren die Säle der Schneekönigin. Die Nordlichter leuchteten so klar, dass man sie zählen konnte. Mitten in diesem riesigen, leeren Schneesaal war ein zugefrorener See. Er war in tausend Stücke zerbrochen, aber jedes Stück glich dem anderen so sehr, dass es ein richtiges Kunstwerk war. Genau in der Mitte saß die Schneekönigin, wenn sie zu Hause war, und dann sagte sie immer,

dass sie im Spiegel des Verstandes sitze und der sei der einzige und beste auf der Welt.

Der kleine Kay war schon ganz blau vor lauter Kälte, ja fast schwarz, aber er merkte es nicht, denn die Schneekönigin hatte ihm ja das Kältegefühl weggeküsst, und sein Herz war wie ein Eisklumpen. Er ging herum und trug einige scharfe, flache Eisstücke zusammen, die er auf alle möglichen Arten aneinander legte. Es war gerade so wie mit kleinen Holztafeln, die man zu Figuren aneinander legen kann. Kay ging und legte Figuren, und zwar die allerkunstvollsten. Es war das Eis-Verstand-Spiel. In seinen Augen sahen die Figuren ganz wundervoll aus und hatten die höchste Wichtigkeit; das machte der Glassplitter in seinem Auge! Kay legte Figuren, die ein Wort ausdrücken sollten, aber er konnte nie herausfinden, wie er das Wort legen musste, das er legen wollte, nämlich das Wort »Ewigkeit«. Und die Schneekönigin sagte: »Wenn du diese Figur herausfindest, sollst du dein eigener Herr sein und ich schenke dir die ganze Welt und ein Paar neue Schlittschuhe.« Aber er konnte es nicht.

»Nun muss ich in die warmen Länder!«, sagte die Schneekönigin. »Da will ich in die schwarzen Töpfe gucken!« Damit meinte sie die Vulkane Ätna und Vesuv. »Ich mache sie ein bisschen weiß! Das gehört dazu und außerdem tut es den Zitronen und den Weintrauben gut!« Und dann flog die Schneekönigin davon und Kay saß ganz allein in dem riesigen Eissaal und betrachtete die Eisstücke und dachte nach und dachte nach, bis es in ihm knackte. Er saß ganz steif und still da, dass man glauben konnte, er sei erfroren.

Da gerade trat die kleine Gerda durch das Tor der schneidenden Winde ins Schloss ein. Sie sprach ihr Abendgebet und da legten sich alle Winde, als wollten sie schlafen. Sie betrat den großen, leeren, kalten Saal – da sah sie Kay. Sie erkannte ihn und sie flog ihm um den Hals,

hielt ihn fest und rief: »Kay! Lieber, kleiner Kay! Endlich habe ich dich gefunden!«

Aber er saß ganz still und steif da. Da weinte die kleine Gerda heiße Tränen. Sie fielen auf seine Brust, drangen in sein Herz, tauten den Eisklumpen und lösten das kleine Spiegelstückchen darin auf. Kay blickte sie an und sie sang das Lied

>>Im Tale blühen die Rosen so schön,
da können wir das Jesuskind sehn!«

Und da brach Kay in Tränen aus. Er weinte so sehr, dass das kleine Spiegelstück in seinen Augen herausgeschwemmt wurde. Da erkannte er sie und jubelte: »Gerda! Liebe, kleine Gerda! Wo bist du nur so lange gewesen? Und wo bin ich gewesen?« Und er blickte sich um. »Wie kalt es hier ist! Wie leer und groß!« Und er klammerte sich an Gerda und sie lachte und weinte vor Freude. Sie waren so glücklich, dass selbst die Eisstücke vor Freude mittanzten, und als sie müde waren und sich hinlegten, lagen sie gerade auf den Buchstaben, von denen die Schneekönigin gesagt hatte, er solle sie finden, dann sei er sein eigener Herr und sie gäbe ihm die ganze Welt und ein Paar neue Schlittschuhe.

Und Gerda küsste seine Wangen und sie blühten auf; sie küsste seine Augen und sie leuchteten wie ihre; sie küsste seine Hände und Füße und er war wieder ganz gesund. Die Schneekönigin konnte nun ruhig nach Hause kommen, denn sein Freibrief stand mit glänzenden Eisstücken auf dem Boden geschrieben.

Sie fassten sich an den Händen und gingen aus dem großen Schloss hinaus. Sie redeten von der Großmutter und von den Rosen auf dem Dach. Und wo sie gingen, legten sich die Winde und die Sonne kam

hervor. Als sie den Busch mit den roten Beeren erreichten, stand dort das Rentier und wartete auf sie. Es hatte noch ein anderes, junges Rentier mit vollem Euter dabei und das gab den Kindern seine warme Milch und küsste sie auf den Mund. Dann brachten sie Kay und Gerda zu der Finnin, wo sie sich in der warmen Stube wärmten. Sie erklärte ihnen den Weg nach Hause. Dann ritten sie zur Lappin, die ihnen neue Kleider genäht und ihren Schlitten repariert hatte.

Das Rentier und das Junge liefen neben dem Schlitten her bis zur Grenze des Landes. Dort spitzte schon das erste Grün hervor und sie nahmen Abschied von den Tieren und der Lappin.

»Lebt wohl!«, sagten alle. Und die ersten Vögel zwitscherten, der Wald trug grüne Knospen und aus dem Wald kam auf einem prächtigen Pferd, das Gerda kannte, denn es war vor die Goldkutsche gespannt gewesen, ein Mädchen mit einer leuchtenden roten Mütze auf dem Kopf und Pistolen an der Hüfte. Es war das kleine Räubermädchen, das keine Lust mehr hatte, zu Hause zu sein. Nun wollte es nach Norden und später, wenn ihr das nicht gefiel, in eine andere Richtung reiten. Sie erkannte Gerda gleich und Gerda sie. Das war eine Freude!

»Du bist ja ein nettes Kerlchen dich so herumzutreiben!«, sagte sie zum kleinen Kay. »Ich möchte wohl wissen, ob du es verdienst, dass man deinetwegen bis ans Ende der Welt reist!«

Aber Gerda streichelte ihre Wangen und fragte nach dem Prinzen und der Prinzessin.

»Die sind in fremde Länder gereist«, sagte das Räubermädchen.

»Und die Krähe?«, fragte die kleine Gerda.

»Ja, die Krähe ist tot«, sagte sie. »Die zahme Liebste ist Witwe geworden und trägt einen schwarzen Wollfaden um das Bein herum. Sie jammert erbärmlich und das Ganze ist ein großer Unfug! – Aber erzähl mir, wie es dir ergangen ist und wie du ihn zu fassen bekommen hast!«

Und Gerda und Kay erzählten.

»Schnipp-schnapp-schnurre-basselurre!«, sagte das Räubermädchen, nahm sie beide bei der Hand und versprach sie zu besuchen, wenn sie einmal durch ihre Stadt käme. Und dann ritt sie in die weite Welt hinaus. Aber Kay und Gerda gingen Hand in Hand weiter, und während sie gingen, wurde es Frühling mit Blumen und Grün; die Kirchenglocken läuteten und sie erkannten die hohen Türme einer großen Stadt – es war ihre Stadt, in der sie gelebt hatten. Und dann gingen sie hinein, bis zur Tür der Großmutter, die Treppe hinauf, in die Stube, wo alles noch genau an derselben Stelle stand. Die Uhr sagte: »Tick, tack!«, und die Zeiger drehten sich. Aber als sie durch die Tür schritten, merkten sie, dass sie erwachsene Menschen geworden waren. Die Rosen auf dem Dach blühten ins offene Fenster herein und da standen die beiden Kinderstühle und Kay und Gerda setzten sich jeder auf seinen und hielten sich bei den Händen. Sie hatten die kalte, leere Herrlichkeit bei der Schneekönigin wie einen bösen Traum vergessen. Großmutter saß in der hellen Sonne und las laut aus der Bibel vor: »Es sei denn, dass ihr umkehret und werdet wie die Kinder, dann werdet ihr ins Reich Gottes kommen!«

Kay und Gerda sahen sich in die Augen und da verstanden sie auf einmal das alte Lied

> »Im Tale blühen die Rosen so schön,
> da werden wir das Jesuskind sehn!«

Da saßen sie beide; sie waren erwachsen und doch Kinder, Kinder im Herzen. Und es war Sommer, ein warmer, gesegneter Sommer.

Nach der Original-Übersetzung bearbeitet von Friedrich Stephan

Hans-Christian Andersen
Der Schneemann

»Es ist eine so wunderbare Kälte, dass mir der Körper knackt«, sagte der Schneemann. »Der Wind kann einem wirklich Leben einblasen! Und wie die Glühende da droben glotzt!« – Er meinte die Sonne, die eben im Untergehen begriffen war. »Mich soll sie nicht zum Blinzeln bringen, ich will meine Stückchen schon festhalten.«

Er hatte nämlich statt der Augen zwei große, dreieckige Stücke von einem Dachziegel am Kopf; sein Mund bestand aus einer alten Harke, folglich hatte er auch Zähne.

Er war geboren unter dem Jubelruf der Knaben und begrüßt vom Schellengeläute und Peitschengeknall der Schlittenfahrer.

Die Sonne ging unter, der Vollmond stieg auf in der blauen Luft, rund und groß, klar und schön.

»Da ist sie wieder von der andern Seite!«, sagte der Schneemann. Damit wollte er sagen: »Die Sonne zeigt sich wieder.« – »Ich habe ihr doch das Glotzen abgewöhnt! Nun mag sie da hängen und leuchten, damit ich mich selbst sehen kann. Wüsste ich nur, wie man das macht, um von der Stelle zu kommen! Ich möchte mich gar zu gern bewegen! – Wenn ich es könnte, so würde ich jetzt da unten auf dem Eis hingleiten, wie ich die Knaben gleiten sehe; aber ich weiß nicht, wie man läuft.«

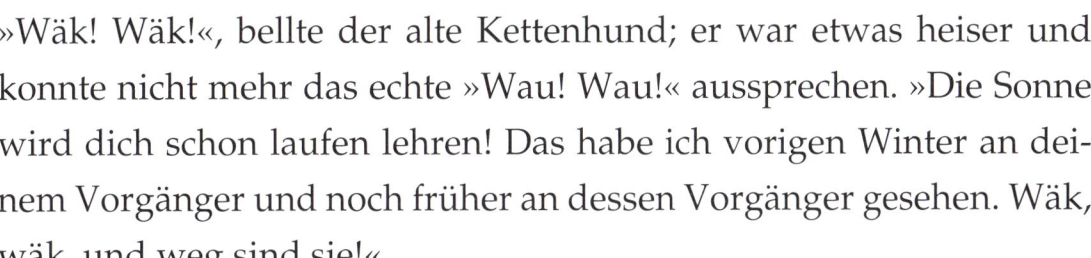

»Wäk! Wäk!«, bellte der alte Kettenhund; er war etwas heiser und konnte nicht mehr das echte »Wau! Wau!« aussprechen. »Die Sonne wird dich schon laufen lehren! Das habe ich vorigen Winter an deinem Vorgänger und noch früher an dessen Vorgänger gesehen. Wäk, wäk, und weg sind sie!«

»Ich verstehe dich nicht, Kamerad«, sagte der Schneemann. »Die da oben soll mich laufen lehren?« Er meinte den Mond. »Ja, sie lief ja vorhin freilich weg, als ich sie fest ansah. Jetzt schleicht sie sich heran von der andern Seite.«

»Du weißt gar nichts!«, entgegnete der Kettenhund. »Du bist aber auch eben erst zusammengekleckst. Der, den du da siehst, ist der Mond; die, die vorhin davonging, war die Sonne; die kommt morgen wieder, sie wird dich schon lehren in den Wallgraben hinabzulaufen. Wir kriegen bald anderes Wetter; ich fühle das schon in meinem linken Hinterbein; es sticht und schmerzt – das Wetter wird sich ändern!«

»Ich verstehe ihn nicht«, sagte der Schneemann, »aber ich habe es so im Gefühl, dass es etwas Unangenehmes ist, was er sagt. Sie, die glotzt und sich alsdann davonmachte, die Sonne, wie er sie nennt, die ist mein Freund auch nicht; das habe ich im Gefühl!«

»Wäk! Wäk!«, bellte der Kettenhund, ging dreimal um sich selbst herum und kroch in seine Hütte, um zu schlafen.

Und das Wetter änderte sich wirklich. Gegen Morgen lag ein dicker, feuchter Nebel über der ganzen Gegend. In der Dämmerung wehte es leise und nachher erhob sich ein eisiger Wind, sodass die Kälte durch und durch drang.

Das Frostwetter packte einen recht; als die Sonne aufging, welch eine Pracht war das! Baum und Strauch waren von Reif übersponnen, das glich einem Wald von Korallen. Die Zweige schienen mit lichtweißen

Blüten über und über geschmückt. Die vielen feinen Verästelungen, die während des Sommers der Blätterreichtum verbirgt, traten nun deutlich hervor. Das war wie Spitzengewebe, glänzend und weiß; aus jedem Zweig drang ein Leuchten. Die Hängebirke bewegte sich im Winde; in ihr war Leben, wie es sonst die Bäume nur im Sommer haben. Das war eine seltsame Herrlichkeit! Und als die Sonne nun schien, wie flimmerte, wie funkelte das, als läge überall Diamantstaub, und auf der Schneedecke blinkten strahlende Diamanten oder man konnte meinen, da leuchteten zahllose, kleine Lichter, noch heller als der helle Schnee.

»Wunderbar!«, rief ein junges Mädchen, das mit einem jungen Mann in den Garten trat. Beide blieben in der Nähe des Schneemanns stehen und betrachteten die schimmernden Bäume. »Einen schöneren Anblick gewährt nicht einmal der Sommer«, sagte sie und ihre Augen strahlten.

»Und so einen Kerl wie diesen hier hat man im Sommer erst recht nicht«, erwiderte der junge Mann und zeigte auf den Schneemann. »Er ist ausgezeichnet!«

Das junge Mädchen lachte, nickte dem Schneemann zu und ging leichten Schrittes mit ihrem Freunde über den Schnee dahin, der knirschte unter ihren Füßen, als ob sie auf Stärkemehl gingen.

»Wer waren die beiden?«, fragte der Schneemann den Kettenhund. »Du bist längere Zeit hier im Hofe als ich, kennst du sie?«

»Ob ich sie kenne!«, antwortete der Kettenhund. »Sie hat mich ja gestreichelt und er hat mir einen Fleischknochen zugeworfen. Die beiden beiße ich nicht!«

»Aber was stellen die vor?«, fragte der Schneemann.

»Brrrrrautleute!«, knurrte der Kettenhund. »Sie werden in eine Hütte ziehen und zusammen an einem Knochen nagen. Wäk! Wäk!«

»Sind denn die beiden auch so feine Leute wie du und ich?«

»Sie gehören ja zur Herrschaft!«, versetzte der Kettenhund. »Man weiß doch wirklich sehr wenig, wenn man den Tag vorher erst zur Welt gekommen ist. Das merke ich dir an! Aber ich bin alt und erfahren und habe Kenntnisse; ich kenne alle hier im Hause und ich habe eine Zeit gekannt, wo ich nicht hier in der Kälte an der Kette lag. Wäk! Wäk!«

»Die Kälte ist herrlich«, sprach der Schneemann. »Erzähle, erzähle! Aber du darfst nicht mit der Kette lärmen; es knackt in mir, wenn du das tust.«

»Wäk! Wäk!«, bellte der Kettenhund. »Ein kleiner, junger Hund bin

ich gewesen, niedlich und klein, sagten sie; damals lag ich in einem Sammetstuhle da oben im Schloss im Schoße der obersten Herrschaft; mir wurde die Schnauze geküsst und die Pfoten wurden mir mit einem gestickten Taschentuch abgewischt, ich hieß Ami, lieber, süßer Ami! Aber später wurde ich ihnen da oben zu groß und sie schenkten mich der Haushälterin. Ich kam in die Kellerwohnung! Du kannst von da, wo du stehst, gerade hineinsehen; du kannst in die Kammer hinabsehen, wo ich Herrschaft gewesen bin, denn das war ich bei der Haushälterin. Es ist zwar eine geringere Stelle als oben, aber sie war gemütlicher, ich wurde nicht in einem fort von Kindern angefasst und gezerrt wie oben. Ich bekam ebenso gutes Futter wie früher, ja noch besseres! Ich hatte mein eigenes Kissen und ein Ofen war da, der ist um diese Jahreszeit das Schönste auf der Welt! Ich kroch unter den Ofen und konnte mich darunter ganz verbergen. Ach, von dem Ofen träume ich noch immer. Wäk! Wäk!«

»Sieht denn ein Ofen schön aus?«, fragte der Schneemann. »Hat er Ähnlichkeit mit mir?«

»Der ist gerade das Gegenteil von dir! Rabenschwarz ist er und hat einen langen Hals mit Messingaufsatz. Er frisst Brennholz, dass ihm das Feuer aus dem Munde sprüht. Man muss sich dicht an seiner Seite halten, ganz unter ihm ist es sehr angenehm. Du musst ihn durch das Fenster sehen können.«

Der Schneemann sah hin und gewahrte einen schwarzen, glänzenden Gegenstand mit einem Messingaufsatz; das Feuer leuchtete vorn heraus. Dem Schneemanne wurde ganz wunderlich zu Mute, es überkam ihn ein Gefühl, er wusste selbst nicht, was für eins, er konnte sich keine Rechenschaft darüber geben; aber alle Menschen, wenn sie nicht Schneemänner sind, kennen es.

»Warum hast du sie dann verlassen?«, fragte der Schneemann. Er hat-

te es im Gefühl, dass der Ofen ein weibliches Wesen sein musste. »Wie konntest du nur so einen Platz verlassen?«

»Ich musste wohl!«, sagte der Kettenhund. »Man warf mich zur Tür hinaus und legte mich hier an die Kette. Ich hatte den jüngsten Junker ins Bein gebissen, weil er mir den Knochen wegstieß, an dem ich nagte; Knochen um Knochen, so denke ich! Das nahm man mir aber sehr übel und von dieser Zeit an bin ich nach draußen an die Kette gelegt worden und habe allmählich meine Stimme verloren, hör mal, wie heiser ich bin: Wäk! Wäk! Das war das Ende vom Liede!«

Der Schneemann hörte aber nicht mehr zu; er blickte unablässig in die Kellerwohnung der Haushälterin, er schaute in ihre Stube hinein, wo der Ofen auf seinen vier eisernen Beinen stand, ebenso groß wie er selber.

»Wie sonderbar das in mir knackt!«, sagte er. »Werde ich nie dahinein kommen? Es ist doch ein unschuldiger Wunsch und unsere unschuldigen Wünsche müssten doch in Erfüllung gehen. Ich muss dahinein, ich muss mich an sie lehnen, und wenn ich auch das Fenster eindrücken sollte!«

»Dahinein wirst du niemals gelangen«, sagte der Kettenhund, »doch wenn du an den Ofen kommst, dann vergehst du. Wäk! Wäk!«

»Ich bin schon so gut wie weg!«, erwiderte der Schneemann. »Ich breche zusammen, glaube ich.«

Den ganzen Tag guckte der Schneemann durchs Fenster hinein; in der Dämmerstunde wurde die Stube noch einladender; vom Ofen her leuchtete es freundlich, gar nicht wie der Mond, nicht wie die Sonne; nein, wie nur ein Ofen leuchten kann, wenn er etwas in sich hat. Wenn die Stubentür aufging, schlug ihm die Flamme aus dem Mund heraus – diese Gewohnheit hatte der Ofen; dann flammte es rot in des Schneemanns weißes Gesicht und er wurde rot bis zum Herzen.

»Ich halte es nicht mehr aus!«, sagte er. »Wie schön es ihr steht, wenn sie die Zunge herausstreckt!«

Die Nacht war lang; dem Schneemann wurde sie aber nicht langweilig, er stand da in seine eigenen, schönen Gedanken versunken und die gefroren, dass es knackte. Am Morgen waren die Fensterscheiben der Kellerwohnung mit Eis bedeckt; sie trugen die schönsten Eisblumen, die ein Schneemann nur irgend verlangen kann, allein sie verbargen den Ofen. Die Scheiben wollten nicht auftauen und so konnte er sie, die er liebte, nicht sehen. Es knackte und knickte in ihm und rings um ihn her; es war gerade so ein Frostwetter, an dem ein Schneemann seine Freude haben muss. Er aber freute sich nicht – wie hätte er sich auch glücklich fühlen können; er hatte Ofensehnsucht.

»Das ist eine schlimme Krankheit für einen Schneemann«, sagte der Kettenhund, »ich habe auch an dieser Krankheit gelitten, aber ich habe sie überstanden. Wäk! Wäk!«, bellte er. »Wir bekommen anderes Wetter!«

Und das Wetter schlug um; es fing an, zu tauen.

Das Tauwetter nahm zu; der Schneemann nahm ab. Er sagte nichts, er klagte nicht, und das ist das richtige Zeichen.

Eines Morgens brach er zusammen. Und siehe, es ragte etwas wie ein Besenstiel da, wo er gestanden hatte, empor; um den Stiel herum hatten die Knaben ihn aufgebaut.

»Ja, nun begreife ich es, nun kann ich das mit seiner Sehnsucht verstehen!«, sagte der Kettenhund. »Der Schneemann hat einen Ofenkratzer im Leib gehabt! Das ist es, was sich in ihm geregt hat; jetzt ist es überstanden. Wäk! Wäk!« Und bald nachher war auch der Winter überstanden.

»Wäk! Wäk!«, bellte der heisere Kettenhund; aber die kleinen Mädchen aus dem Hause sangen:

»Waldmeister grün, hervor aus dem Haus;
Weide, die wollenen Handschuh heraus!
Lerche und Kuckuck, singt fröhlich drein –
Frühling soll es im Februar sein!
Ich singe mit! Quivit!
Komm, liebe Sonne, komm, quivit!«

Nach der Original-Übersetzung bearbeitet von Freya Stephan-Kühn

Alf Prøysen
Der Weihnachtsmann
und der Tischler

Es war einmal ein Tischler, der hieß Anderson. Er war ein guter Vater und hatte eine Menge Kinder.

Als der Weihnachtsabend gekommen war, schlich sich Anderson hinaus zum Schuppen, während seine Frau und die Kinder den Weihnachtsbaum schmückten. Er hatte sich eine Überraschung für alle ausgedacht: Er wollte sich als Weihnachtsmann verkleiden, einen großen Sack mit Geschenken auf seinen Schlitten laden und dann an die Haustür klopfen. Doch als er den Schlitten aus dem Schuppen zog, rutschte er aus und fiel auf den Sack mit den Geschenken. Der Schlitten geriet in Bewegung, denn Anderson wohnte an einem Hang, und er konnte noch nicht einmal mehr »Weg frei!« rufen, da krachte er schon in einen anderen Schlitten hinein, der gerade den Weg entlanggefahren kam.

»Es tut mir sehr Leid«, sagte Anderson.

»Keine Sorge; ich konnte auch nicht anhalten«, sagte der andere Mann. Er trug genau wie Anderson Weihnachtsmannkleider und hatte einen Sack auf seinem Schlitten.

»Offenbar hatten wir beide die gleiche Idee«, sagte Anderson. »Du bist genauso angezogen wie ich.« Er lachte und schüttelte die Hand des anderen Mannes. »Ich heiße Anderson.«

»Freut mich, dich kennen zu lernen«, sagte der andere. »Ich bin der Weihnachtsmann.«

»Ha, ha!«, lachte Anderson. »Du willst also bei deinem kleinen Spaß bleiben! So soll es am Weihnachtsabend auch sein.«

»Das ist genau meine Meinung«, sagte der andere Mann, »und wenn du einverstanden bist, dann könnten wir heute Abend tauschen – das wäre ein noch größerer Spaß; ich werde deine Geschenke zu *deinen* Kindern bringen, wenn du *meine* besuchst. Aber du musst dieses Kostüm ausziehen.«

Anderson blickte ein wenig verwirrt drein. »Wie soll ich mich denn dann verkleiden?«

»Du brauchst dich gar nicht zu verkleiden«, sagte der andere. »Meine Kinder sehen das ganze Jahr über den Weihnachtsmann, aber einen echten Tischler haben sie noch nie gesehen. Ich habe ihnen letztes Jahr versprochen, dass sie, wenn sie brav wären, ein Tischler besuchen würde, während ich die Geschenke zu den Menschenkindern bringe.«

Dann ist er also wirklich der Weihnachtsmann, dachte Anderson bei sich. Und laut sagte er: »Gut, wenn du das wirklich möchtest, werde ich es tun. Das einzige Problem ist, dass ich keine Geschenke für deine Kinder habe.«

»Geschenke?«, fragte der Weihnachtsmann. »Bist du denn kein Tischler?«

»Ja, doch, natürlich.«

»Nun, dann brauchst du nur ein paar Holzstücke und Nägel mitzunehmen. Du hast doch ein Messer, oder?«

Anderson nickte und dann ging er in seine Werkstatt und suchte seine Sachen zusammen.

»Folge einfach meinen Spuren im Schnee; sie werden dich bis zu mei-

nem Haus im Wald führen«, sagte der Weihnachtsmann. »Ich nehme deinen Sack und deinen Schlitten und klopfe an deine Tür.«

»Abgemacht!«, sagte der Tischler.

Dann ging der Weihnachtsmann zu Andersons Tür und der Tischler stapfte durch den Schnee, immer den Spuren des Weihnachtsmannes nach. Sie führten ihn in den Wald, vorbei an zwei Kiefern, einem großen Felsbrocken und einem Baumstumpf, und dort hinter dem Stumpf guckten drei kleine Gesichter mit roten Mützen hervor.

»Er ist da! Er ist da!«, riefen die Weihnachtskinder und flitzten vor ihm her bis zu einem umgestürzten Baum, dessen Wurzeln in die Luft ragten. Als Anderson ihnen auf die andere Seite der Wurzeln gefolgt war, stand dort die Weihnachtsfrau und wartete auf ihn.

»Hier ist er, Mama! Das ist der Tischler, den Papa uns versprochen hat! Sieh doch! Ist er nicht riesig?« So riefen die Kinder alle durcheinander.

»Ruhig, ruhig, Kinder«, sagte die Weihnachtsfrau. »Man könnte ja glauben, ihr hättet noch niemals einen Menschen gesehen.«

»Wir haben noch nie einen richtigen Tischler gesehen!«, riefen die Kinder. »Komm herein, Herr Tischler!«

Die Weihnachtsfrau bog einen Zweig zur Seite und ging voran ins Haus. Anderson musste sich tief bücken und auf Händen und Knien kriechen. Doch als er drinnen war, konnte er sich aufrichten. Der Fußboden des Zimmers war aus Erde, doch es sah sehr gemütlich aus mit den Baumstumpf-Stühlen; die Betten waren aus Moos und hatten Decken aus geflochtenem Gras. Im kleinsten Bett lag das Weihnachtsbaby und hinten in der Ecke saß ein sehr alter Weihnachtsgroßvater in einem Schaukelstuhl und seine rote Mütze wippte auf und nieder.

»Hast du ein Messer? Hast du Holz und Nägel mitgebracht?« Die Kinder zogen Anderson am Ärmel und wollten alles auf einmal wissen.

»Also wirklich, Kinder«, sagte die Weihnachtsfrau, »lasst doch den Tischler sich erst einmal hinsetzen, bevor ihr ihn so bedrängt.«

»Ist jemand für mich gekommen?«, krächzte der alte Weihnachtsgroßvater.

Die Weihnachtsfrau rief ihm ins Ohr: »Es ist Anderson, der Tischler!« Sie erklärte, dass Großvater so alt sei, dass er gar nicht mehr vor die Tür ging. »Er würde sich sicher freuen, wenn du hinübergehen und ihm die Hand schütteln würdest.«

Und Anderson nahm die Hand des alten Mannes, die so hart war wie Rinde.

»Komm und setz dich hierher, Herr Tischler!«, riefen die Kinder.

Der älteste Junge sprach zuerst: »Weißt du, was ich mir von dir wünsche? Einen Schlitten. Kannst du das machen?«

»Ich werde es versuchen«, sagte Anderson und es dauerte nicht lange,

da war ein hübscher Schlitten fertig und bereit über den Schnee zu gleiten.

»Jetzt bin ich dran«, sagte das kleine Mädchen, dem die Zöpfe vom Kopf abstanden. »Ich möchte ein Puppenbett.«

»Hast du denn Puppen?«, fragte Anderson.

»Nein, aber manchmal leihe ich mir die Feldmäuse aus und ich kann mit den kleinen Eichhörnchen spielen, wenn ich möchte. Sie sind dann meine Puppen. Bitte, mach mir ein Puppenbett!«

Und so schnitzte der Tischler ein Puppenbett für sie.

Dann fragte er den kleineren Jungen, was er haben wollte.

Doch der war sehr schüchtern und flüsterte nur: »Weiß nicht.«

»Natürlich weiß er es!«, sagte seine Schwester. »Er hat es uns verraten, bevor du gekommen bist. Los, sag es dem Tischler!«

»Einen Kreisel«, sagte der kleine Junge leise.

»Das ist leicht«, sagte der Tischler und im Handumdrehen hatte er einen Kreisel geschnitzt.

»Und jetzt musst du etwas für Mama machen!« sagten die Kinder. Die Weihnachtsfrau hatte zugeschaut, doch die ganze Zeit versteckte sie etwas hinter ihrem Rücken.

»Psst, Kinder, lasst den Tischler in Frieden«, sagte sie.

»Das ist schon in Ordnung«, sagte Anderson. »Was soll ich machen?«

Die Weihnachtsfrau holte hervor, was sie hinter ihrem Rücken versteckt hatte. Es war eine hölzerne Schöpfkelle, ganz abgenutzt, mit einem Sprung.

»Meinst du, du könntest mir die reparieren?«, fragte sie.

»Hm, hm!«, sagte Anderson und kratzte sich mit seinem Tischlerbleistift am Kopf. »Ich glaube, ich mache lieber eine neue.«

Und schnell schnitzte er eine neue Schöpfkelle für die Weihnachtsfrau. Dann fand er eine lange, gedrehte Wurzel, die an einem Ende ge-

bogen war, und er begann sie mit seinem Messer zu bearbeiten. Doch obwohl die Kinder ihn fragten und fragten, sagte er ihnen nicht, was es werden sollte. Als er fertig war, hielt er es hoch: Es war ein überaus vornehmer Spazierstock.

»Der ist für dich, Großvater!«, rief er dem alten Mann zu und gab ihm den Stock.

Dann sammelte er die Späne zusammen und bastelte einen wundervollen, kleinen Vogel mit ausgebreiteten Flügeln, den man über Babys Wiege hängen konnte.

»Wie hübsch!«, riefen die Weihnachtsfrau und alle Kinder.

»Nun bedankt euch artig beim Tischler«, sagte die Weihnachtsfrau.

»Dieses Weihnachten werden wir sicher nie vergessen, nicht wahr?«

»Danke, Herr Tischler, vielen Dank!«, riefen die Kinder.

Selbst der Weihnachtsgroßvater humpelte an seinem neuen Stock durch das Zimmer. »Er ist wunderbar!«, sagte er. »Einfach wunderbar!«

Draußen vor der Tür waren stampfende Schritte zu hören und Anderson wusste, dass es Zeit für ihn war, zu gehen. Er sagte allen Auf Wiedersehen und wünschte ihnen ein frohes Weihnachtsfest.

Dann kroch er durch den engen Eingang unter dem umgefallenen Baum hinaus. Der Weihnachtsmann wartete bereits auf ihn. Er hatte den Schlitten und den leeren Sack bei sich.

»Danke für die Hilfe, Anderson«, sagte er. »Was haben die Kleinen gesagt, als sie dich sahen?«

»Oh, sie schienen sich zu freuen. Jetzt warten sie auf ihren Vater, damit er ihre neuen Spielsachen bewundert. Wie war es bei mir zu Hause? Hat sich der kleine Peter gefürchtet?«

»Kein bisschen«, sagte der Weihnachtsmann. »Er dachte, du wärst es. ›Auf Papas Schoß sitzen‹, hat er immer wieder gesagt.«

»Nun, dann muss ich jetzt nach Hause«, sagte Anderson und verabschiedete sich vom Weihnachtsmann.

Als er in sein Haus kam, fragte er die Kinder als Erstes: »Kann ich die Geschenke sehen, die ihr vom Weihnachtsmann bekommen habt?«

Aber die Kinder lachten. »Du Dummer! Du hast sie doch schon gesehen – als du den Weihnachtsmann gespielt hast, hast du sie doch alle ausgepackt!«

»Was würdet ihr sagen, wenn ich euch erzählte, dass ich die ganze Zeit bei der Familie des Weihnachtsmanns gewesen bin?«

Aber die Kinder lachten wieder. »So etwas Dummes würdest du nicht sagen!«, gaben sie zur Antwort und glaubten ihm nicht. Und so kam der Tischler zu mir und bat mich die Geschichte aufzuschreiben. Und das habe ich getan.

Bearbeitet von Christiane Jung

E. T. A. Hoffmann
Nussknacker und Mausekönig

Eine Geschichte in drei Kapiteln

Der Weihnachtsabend

Es war der Abend des vierundzwanzigsten Dezember. Den ganzen Tag durften die Kinder des Medizinalrates Stahlbaum nicht in das Wohnzimmer, wo der Weihnachtsbaum stand und die Bescherung stattfinden sollte. Fritz und seine jüngere Schwester Marie lauschten dem Rascheln und Pochen hinter der verschlossenen Stubentür. Pate Drosselmeier, ein kleiner dunkler Mann mit einem großen Kasten unter dem Arm, war vor kurzem über den Flur und ins Weihnachtszimmer geschlichen. Er war Uhrmacher und jedes Weihnachten dachte er sich ein besonderes Spielzeug für die Kinder aus.

»Was Onkel Drosselmeier wohl dieses Mal für uns macht!«, sagte Marie aufgeregt.

»Gewiss eine Festung mit lauter Soldaten und Kanonen, die recht ordentlich knallen!«, meinte Fritz, aber Marie glaubte, es wäre bestimmt

ein schöner Garten mit einem See, auf dem Schwäne mit goldenen Halsbändern schwämmen und Lieder sängen.

Als es dunkel geworden war, hörten die Kinder endlich die Silberglocke klingeln. Die große Flügeltür wurde geöffnet und aus dem Weihnachtszimmer strahlte ein solcher Glanz, dass die Kinder mit leuchtenden Augen auf der Schwelle stehen blieben.

»Ach, wie schön!«, seufzte Marie schließlich und Fritz machte einige Luftsprünge, die ihm recht gut gelangen.

Die Kinder mussten in diesem Jahr sehr brav gewesen sein, denn unter dem prachtvollen Tannenbaum lagen die schönsten Geschenke: Für Marie gab es eine zierliche Puppe und dazu ein Seidenkleid, das mit bunten Bändern geschmückt war. Fritz galoppierte bereits auf seinem Holzpferd um den Tisch herum, auf dem für ihn noch eine ganze Schwadron Spielzeugsoldaten stand.

Später war es aber Zeit für Pate Drosselmeiers Geschenk. Er nahm den Wandschirm fort, der einen anderen Tisch verdeckte, und dahinter erblickten die Kinder auf einem Rasenplatz ein herrliches Schloss mit Spiegelfenstern und goldenen Türmen. Ein Glockenspiel erklang, Türen und Fenster öffneten sich, kleine Herren und Damen mit Federhüten und langen Kleidern spazierten in den Sälen herum und ein Herr in einem smaragdfarbenen Mantel sah durch das Fenster und winkte, während eine Figur, die genau so aussah wie Pate Drosselmeier, zur Schlosstür herauskam und wieder hineinging.

Nachdem Fritz und Marie dieses Kunstwerk eine Zeit lang betrachtet hatten und die Figuren immer wieder dasselbe taten, fragte Fritz, ob sie denn nicht noch etwas anderes könnten. Doch Pate Drosselmeier erklärte beleidigt, dass die Mechanik nun einmal so und nicht anders funktioniere. Da wandte sich Fritz lieber wieder seinen Soldaten zu und auch Marie ging zum Weihnachtstisch, wo sie noch etwas Neues

entdeckt hatte: Es war eine kleine Holzfigur, die still und bescheiden auf ihrem Platz stand. Ihre Gestalt war etwas seltsam, denn der große Oberkörper mochte nicht so ganz zu den dünnen Beinen passen und auch der Kopf war viel zu groß. Doch die Kleidung – ein violettfarben glänzendes Husarenjäckchen mit vielen weißen Schnüren und Knöpfen, ebensolche Hosen und dazu ein Paar sehr elegante Stiefel – ließ auf Geschmack und Bildung schließen. Das Gesicht der Figur war gutmütig und sah Pate Drosselmeier ein wenig ähnlich.

»Ach, Vater!«, rief Marie aus. »Für wen ist denn der liebe, kleine Mann dort?«

»Der«, sagte der Vater lächelnd, »soll für uns alle die Nüsse knacken, denn er ist von Beruf Nussknacker!«

Damit nahm er die Figur in die Hand, öffnete ihr den Mund, schob eine kleine Nuss hinein, drückte den Zopf hinunter, und – knack! – hatte der Nussknacker sie zerbissen.

Fritz wollte es sogleich selbst versuchen. Er schob dem Nussknacker eine große, harte Nuss in den Mund und drückte den Hebel hinunter. Es gab ein splitterndes Geräusch. Die Nuss hatte dem Nussknacker drei Zähne herausgebrochen und der Unterkiefer war ganz lose geworden.

»Ach, mein armer, lieber Nussknacker!«, schrie Marie und nahm ihn in den Arm. Sie wiegte ihn hin und her, suchte seine Zähne zusammen und band ihm das Kinn mit einem weißen Band hoch. Den ganzen Abend behielt sie ihn im Arm und ließ sich auch von Pate Drosselmeiers Spötteleien nicht davon abbringen.

Die Schlacht

Im Wohnzimmer des Medizinalrates gab es eine hohe Glasvitrine, in der alle Kunstwerke des Paten sowie die Bilderbücher und die Spielzeuge der Kinder aufbewahrt wurden. Im untersten Fach hatte Marie ihre Puppen untergebracht. Sie hatte dort ein richtiges kleines Wohnzimmer eingerichtet, mit einem geblümten Sofa, kleinen Stühlchen, einem Teetisch und einem Bett, in dem alle Puppen schlafen konnten. Hier hinein legte sie am späten Abend auch ihre neue Puppe, während Fritz seine Soldaten in dem Fach darüber aufbaute.

Als alle zu Bett gingen, bat Marie ihre Mutter noch ein wenig bei ihren Spielsachen bleiben zu dürfen und die Mutter erlaubte es ihr.

Marie wickelte das Band vom Nussknacker ab und legte ihn in das Puppenbett. Dann verschloss sie den Schrank und wollte ebenfalls zu Bett gehen, als es um sie herum zu wispern und zu flüstern begann – hinter dem Ofen, hinter den Stühlen, hinter den Schränken! Die große Wanduhr schlug zwölf und Marie bekam fürchterliche Angst. Plötzlich hörte sie viele kleine, trappelnde Füßchen und auf einmal war das ganze Zimmer voller Mäuse. Sie stellten sich plötzlich wie auf Kommando in Reih und Glied auf. Das fand Marie nun ganz niedlich und sie hatte auch keine Angst vor den Mäusen, doch plötzlich begann es

so schrecklich und durchdringend zu pfeifen, dass es ihr eiskalt den Rücken hinunterlief! Eine fette Maus, auf deren Hals sieben Mäuseköpfe wuchsen, auf denen sieben funkelnde Kronen saßen, krabbelte zischend und pfeifend aus dem Boden. Die siebenköpfige Maus pfiff den anderen Mäusen dreimal schrill zu und die ganze Mäuseschar setzte sich in Bewegung und marschierte direkt auf Marie zu, die vor dem Glasschrank stand. Marie taumelte zurück, stieß mit dem Arm gegen die Vitrine und – klirr! – ging eine Glasscheibe zu Bruch. Doch so entsetzt Marie auch war, so merkte sie doch gleich, dass das Quieken und Pfeifen aufgehört hatte.

Da erhob sich hinter ihr plötzlich der Nussknacker aus seinem Bett. »Knack, knack, knack, dummes Mäusepack!«, rief er. Mit diesen Worten zog er ein kleines Schwert, fuchtelte damit in der Luft herum und rief: »Meine lieben Vasallen, Freunde und Brüder, wollt ihr mir beistehen im harten Kampf?«

Sogleich schrien drei Puppen, ein Clown, vier Schornsteinfeger, zwei Zitherspieler und ein Trommler: »Jawohl, Herr! Wir halten Euch standhaft die Treue – mit Euch ziehen wir in Tod, Sieg und Kampf!« und stürzten sich dem begeisterten Nussknacker hinterher vom oberen Fach herab.

Nun gab es einen heftigen Kampf zwischen Mäusen und Spielzeug. Die Spielzeuge waren mutig, doch die Mäuse waren ihnen an Zahl weit überlegen und schließlich wurde der Nussknacker vom Mausekönig überwältigt. Marie aber spürte am linken Arm einen stechenden Schmerz und sank ohnmächtig zu Boden.

Als Marie erwachte, schien die Sonne und sie lag in ihrem eigenen Bett. Ihre Mutter saß bei ihr und auch Doktor Wendelstern, der eben noch die Glassplitter aus ihrem Arm entfernt hatte.

»Ach, liebe Mama«, flüsterte Marie kaum hörbar, »sind denn die

schrecklichen Mäuse endlich fort? Ist der gute Nussknacker in Sicherheit? Wie geht es ihm?«

»Still, Kind«, sagte die Mutter, »sei ganz beruhigt. Die Mäuse sind fort und der Nussknacker steht wohlbehalten in der Vitrine. Du hast uns einen großen Schrecken eingejagt – nun ruh dich aus, bis dein Arm wieder gesund ist.«

Marie musste einige Tage im Bett bleiben, denn sie hatte Fieber. Nach einiger Zeit kam Pate Drosselmeier zu Besuch und brachte ihr den Nussknacker mit. Er hatte ihm mit viel Geschick die Zähne wieder eingesetzt und auch den gelockerten Unterkiefer repariert. Marie jubelte vor Freude.

Doch der Pate sagte: »Du musst schon zugeben, Mariechen, dass der Nussknacker ein recht hässlicher Geselle ist. Wenn du willst, erzähle ich dir die Geschichte, wie diese Hässlichkeit in seine Familie gekommen und vererbt worden ist.«

Und nun erzählte Pate Drosselmeier das Märchen von der harten Nuss: Es war einmal ein Königspaar, das hatte eine wunderschöne Tochter namens Pirlipat. Doch die Mauskönigin verzauberte die Prinzessin, die sich in eine gräßlich aussehende Kreatur verwandelte. Die Mauskönigin rächte sich auf diese Weise, weil der König ihre sieben Söhne hatte fangen lassen, und Pirlipat konnte nur erlöst werden, wenn sie den süßen Kern der Krakatuk-Nuss äße. Ein junger Mann, der sich noch nie rasiert und noch keine Stiefel getragen hatte, mußte die harte Nuss knacken. Nach langer Suche im ganzen Land fand der königliche Uhrmacher die goldene Nuss und sein Neffe, der den Namen Drosselmeier trug, knackte die Nuss für die Prinzessin. So fand die Prinzessin ihre frühere Gestalt wieder. Doch sie weigerte sich den jungen Drosselmeier zu heiraten, denn der war aus Versehen auf die Mauskönigin getreten, die ihn aus Wut in einen häßlichen Nusskna-

cker verwandelt hatte. Nur ein Mädchen, das ihn trotz seiner Hässlichkeit lieben würde, könnte ihn aus seiner Verzauberung retten. So weit das Märchen von der harten Nuß.

Onkel und Neffe

Einige Zeit war vergangen, da reparierte der Pate Drosselmeier wieder einmal eine Uhr im Haus des Medizinalrats. Marie saß in seiner Nähe an der Glasvitrine und betrachtete ihren Nussknacker.

Plötzlich entfuhr es ihr: »Jetzt erkenne ich es: Ihr seid doch der Neffe des Herrn Drosselmeier! Ach, wenn Ihr doch nur lebendig wärt, ich würde es nicht so machen wie die Prinzessin Pirlipat und Euch verschmähen!«

In diesem Augenblick knallte es laut und Marie fiel ohnmächtig zu Boden.

Als sie wieder zu sich kam, kniete die Mutter neben ihr und sagte: »Wie kann ein so großes Mädchen nur vom Stuhl fallen! Steh auf, der Neffe des Paten Drosselmeier ist aus Nürnberg gekommen!«

Und als Marie aufblickte, sah sie einen kleinen, aber wohl gewachsenen, jungen Mann mit einem Gesicht wie Milch und Blut, einem roten Rock, weißseidenen Strümpfen und Schuhen, einer zierlichen Perücke und einem herrlichen Zopf, der ihm den Rücken herunterfiel. Bei Tisch knackte er für alle Anwesenden Nüsse auf, denn auch die här-

testen konnten seinen guten Zähnen nicht standhalten. Marie war sehr angetan von dem jungen Mann. Als er sie bat nach Tisch mit ihr ins Wohnzimmer zu gehen, wurde sie rot, folgte ihm aber gern.

Kaum aber war der junge Drosselmeier mit Marie allein, ließ er sich auf die Knie nieder und sagte: »Oh, mein liebes Fräulein Stahlbaum, sehen Sie hier zu Ihren Füßen den glücklichen Drosselmeier, dem Sie das Leben gerettet haben. Als Sie sagten, Sie würden mich nicht verschmähen, hörte ich sogleich auf ein Nussknacker zu sein und bekam meine vorige Gestalt wieder. Liebes Fräulein, beglücken Sie mich mit Ihrer werten Hand und teilen Sie mit mir Reich und Krone. Herrschen Sie mit mir auf dem Marzipanschloss, denn dort bin ich jetzt König!«

Und Marie willigte glücklich ein und wurde Drosselmeiers Braut. Nach Jahresfrist holte er sie mit einer goldenen Kutsche ab, die von zwölf silbernen Pferden gezogen wurde, und auf der Hochzeit tanzten zweiundzwanzigtausend prachtvoll gekleidete und mit Perlen und Diamanten geschmückte Gäste.

Gekürzt und bearbeitet von Christiane Jung

Brüder Grimm
Katz und Maus in Gesellschaft

Eine Katze und eine Maus wollten zusammenleben und gemeinsam den Haushalt führen. Sie sorgten auch für den Winter vor und kauften ein Töpfchen mit Fett. Und weil sie keinen besseren und sichereren Ort wussten, stellten sie es unter den Altar in der Kirche, da sollte es stehen, bis sie es brauchen würden. Einstmals aber gelüstete es die Katze danach und sie ging zur Maus: »Hör Mäuschen, ich bin von meiner Kusine zur Patin gebeten worden, sie hat ein Söhnchen geboren, weiß und braun gefleckt, das soll ich über das Taufbecken halten, lass mich ausgehen und besorge heute alleine den Haushalt.«

»Ja, ja«, sagte die Maus, »geh hin, und wenn du etwas Gutes isst, denk an mich; von dem süßen roten Kindbettwein tränke ich auch gern ein Tröpfchen.« Die Katze aber ging geradewegs in die Kirche zum Topf und leckte die fette Haut ab, spazierte danach um die Stadt herum und kam erst am Abend nach Hause. »Du wirst dich recht amüsiert haben«, sagte die Maus, »wie heißt denn das Kind?«

»Hautab«, antwortete die Katze.

»Hautab? Das ist ein seltsamer Name, den hab ich noch nicht gehört.« Bald danach hatte die Katze wieder Lust auf das Fett, ging zur Maus und sprach: »Ich bin aufs Neue zur Patin gebeten worden, das Kind hat einen weißen Ring um den Leib, da kann ich es nicht abschlagen. Du musst mir den Gefallen tun und dich alleine um den Haushalt kümmern.«

Die Maus sagte Ja, die Katze aber ging hin und fraß den Fetttopf bis zur Hälfte leer. Als sie heimkam, fragte die Maus: »Wie ist denn dieses Patenkind getauft worden?« – »Halbaus«, antwortete die Katze.

»Halbaus? Was du nicht sagst! Den Namen hab ich gar noch nicht gehört, der steht gewiss nicht im Kalender.«

Die Katze aber konnte den Fetttopf nicht vergessen: »Ich bin zum dritten Mal zur Patin gebeten worden, das Kind ist schwarz und hat bloß weiße Pfoten, sonst kein weißes Haar am ganzen Leib. Das findet sich alle paar Jahre nur einmal, du lässt mich doch ausgehen?«

»Hautab, Halbaus«, sagte die Maus. »Es sind so kuriose Namen, die machen mich so nachdenklich, doch geh nur hin.«

Die Maus hielt alles in Ordnung und räumte auf, indessen fraß die Katze den Fetttopf ganz leer und kam satt und dick erst in der Nacht wieder.

»Wie heißt denn das dritte Kind?« – »Ganzaus«, antwortete die Katze.

»Ganzaus! Ei! Ei! Das ist der allerbedenklichste Name«, sagte die Maus. »Ganzaus? Was soll der bedeuten? Gedruckt ist er mir noch nicht vorgekommen!«, damit schüttelte sie den Kopf und legte sich schlafen.

Zum vierten Mal wollte niemand die Katze zur Patin bitten; der Winter aber kam bald herbei. Als nun draußen nichts Essbares mehr zu finden war, sagte die Maus zur Katze: »Komm wir wollen zum Vorrat gehen, den wir in der Kirche unter dem Altar versteckt haben.«

Als sie aber hinkamen, war alles leer. »Ach!«, sagte die Maus, »nun kommt es ans Tageslicht! Du hast alles gefressen, immer wenn du als Patin ausgegangen bist, erst Haut ab, dann halb aus, dann . . .«

»Schweig still«, sagte die Katze, »oder ich fresse dich, wenn du noch ein Wort sprichst!« – »Ganz aus«, hatte die arme Maus aber schon im Mund und hatte es kaum gesprochen, da sprang die Katze auf sie zu und schluckte sie hinunter.

Für Kinder leicht bearbeitet von Annette Stanger

Brüder Grimm
Von dem Sommer- und Wintergarten

Ein Kaufmann wollte auf den Markt gehen. Da fragte er seine drei Töchter, was er ihnen mitbringen sollte. Die älteste sprach: »Ein schönes Kleid.« Die zweite: »Ein paar hübsche Schuhe.« Die dritte: »Eine Rose.« Aber die Rose zu beschaffen war schwierig, weil es mitten im Winter war. Da die jüngste die schönste war und sie eine so große Freude an den Blumen hatte, sagte der Vater, er wolle zusehen, ob er sie bekommen könne.

Als der Kaufmann wieder auf der Rückreise war, hatte er ein prächtiges Kleid für die älteste und ein paar schöne Schuhe für die zweite, aber die Rose für die dritte hatte er nicht bekommen können. Wenn er in einen Garten gegangen war und nach Rosen fragte, hatten die Leute ihn ausgelacht: Ob er denn glaube, dass die Rosen im Schnee wüchsen?

Das hatte er bald leid, und als er darüber nachdachte, ob er gar nichts für sein liebstes Kind mitbringen könne, kam er zu einem Schloss. Davor stand ein Garten, in dem war es halb Sommer und halb Winter. Auf der einen Seite blühten die schönsten Blumen groß und klein und auf der anderen Seite war alles kahl und es lag tiefer Schnee. Der Mann stieg vom Pferd herab, und als er eine ganze Hecke voll Rosen auf der Sommerseite erblickte, war er froh. Er ging hin und brach eine ab. Dann ritt er wieder fort. Er war schon ein Stück Weges geritten, da hörte er etwas hinter sich herlaufen und schnaufen. Er drehte sich um und sah ein großes

schwarzes Tier, das rief: »Du gibst mir meine Rose wieder oder ich töte dich, du gibst mir meine Rose wieder oder ich töte dich!«

Da sprach der Mann: »Ich bitte dich, lass mir die Rose, ich soll sie meiner Tochter mitbringen, die ist die Schönste auf der Welt.«

»Meinetwegen, aber gib mir die schöne Tochter dafür zur Frau!«

Der Mann sagte zu, um das Tier loszuwerden, und dachte: Das Tier wird doch nicht kommen und sie fordern. Das Tier aber rief noch hinter ihm her: »Wenn sie in acht Tagen nicht bei mir ist, hole ich mir meine Braut.«

Der Kaufmann brachte nun jeder Tochter mit, was sie gewünscht hatte. Sie freuten sich auch alle darüber, am glücklichsten war aber die jüngste über die Rose. Nach acht Tagen – der Vater war wieder ausgegangen – saßen die drei Schwestern beisammen am Tisch. Da kam etwas mit schwerem Gang die Treppe herauf und rief: »Macht auf! Macht auf!«

Da machten die Mädchen die Tür auf, aber sie erschraken sehr, als ein großes schwarzes Tier hereintrat. »Weil meine Braut nicht gekommen ist und die Zeit um ist, will ich sie mir selbst holen.«

Damit ging es auf die jüngste Tochter zu und packte sie. Sie fing an zu schreien, das half aber alles nichts. Sie musste mit fort, und als der Vater nach Haus kam, war sein liebstes Kind geraubt.

Das schwarze Tier aber trug die schöne Jungfrau in sein Schloss. Dort war es wunderschön. Musikanten waren dort, die machten Musik, und unten war der Garten halb Sommer und halb Winter. Das Tier tat für die Schöne aus Liebe alles, was es ihr nur an den Augen ablesen konnte. Sie aßen zusammen und das Mädchen musste ihm die Speisen auf den Teller tun, sonst wollte es nicht essen. Da fasste sie zu dem Tier Vertrauen und bald hatte sie es sehr lieb.

Eines Tages sagte sie zu ihm: »Mir ist so Angst, ich weiß nicht recht, warum. Aber mir ist, als wäre mein Vater krank oder eine von meinen Schwestern. Könnte ich sie nur ein einziges Mal sehen!«

Da führte sie das Tier zu einem Spiegel und sagte: »Schau hinein!«
Und als sie hineinschaute, war es so, als wäre sie zu Hause: Sie sah ihre Stube und ihren Vater. Der war wirklich krank, aus Herzensleid, weil er sich die Schuld daran gab, dass sein liebstes Kind von einem wilden Tier geraubt und vielleicht von ihm aufgefressen worden sei. Hätte er gewusst, wie gut es seiner Tochter ging, so wäre er nicht betrübt gewesen. Auch ihre zwei Schwestern sah die Schöne am Bett sitzen und weinen. Von all dem war ihr Herz ganz schwer und sie bat das Tier, es solle sie nur für ein paar Tage wieder heimgehen lassen. Das Tier zögerte lange, endlich aber, weil sie so jammerte, hatte es Mitleid mit ihr und sagte: »Geh hin zu deinem Vater, aber versprich mir,

dass du in acht Tagen wieder da sein wirst.« Sie versprach es ihm, und als sie fortging, rief es noch: »Bleib aber ja nicht länger als acht Tage aus.« Als sie nach Hause kam, freute sich ihr Vater, dass er sie noch einmal sah. Aber die Krankheit und das Leid hatten schon zu sehr an seinem Herzen gefressen, dass er nicht wieder gesund werden konnte. Und nach ein paar Tagen starb er. Da konnte sie an nichts anders denken vor Traurigkeit. Danach wurde ihr Vater begraben und sie ging mit zum Begräbnis. Dann weinten die Schwestern zusammen und trösteten sich, und als die jüngste endlich wieder an ihr liebes Tier dachte, da waren schon längst die acht Tage herum. Gleich wurde ihr angst und bange. Es war ihr, als sei nun auch das Tier krank. Sie machte sich auf und ging wieder hin zu seinem Schloss. Als sie dort ankam, war es ganz still und traurig darin. Die Musikanten spielten nicht und alles war mit schwarzem Flor behangen. Der Garten aber war ganz Winter und von Schnee bedeckt. Und als sie das Tier selbst suchte, war es verschwunden. Sie suchte an allen Orten, aber sie konnte es nicht finden. Da war sie doppelt traurig und wusste sich nicht zu trösten.

Einmal ging sie so traurig im Garten umher. Da entdeckte sie einen Haufen Kohlköpfe, die waren oben schon alt und faul. Als sie ein paar der Kohlköpfe umgedreht hatte, sah sie ihr liebes Tier. Das lag unter dem Kohl und war tot.

Geschwind holte sie Wasser und begoss ihr Tier damit unaufhörlich. Und plötzlich sprang es auf und war auf einmal verwandelt und ein schöner Prinz. Bald darauf wurde Hochzeit gehalten und die Musikanten spielten wieder. Die Sommerseite im Garten kam prächtig hervor und der schwarze Flor wurde abgerissen. Sie lebten vergnügt miteinander bis an ihr Lebensende.

Für Kinder leicht bearbeitet von Annette Stanger